Zdrowe Życie na Talerzu

Smaki Roślinnego Raju

Aleksandra Nowak

Treść

.

Staroświeckie ciasteczka

(Gotowe w około 45 minut | Porcja dla 12 osób)

Na porcję: Kalorie: 167; Tłuszcz: 8,6 g; Węglowodany: 19,6 g; Białka: 2,7 g

Składniki

1 Mąkę o wszechstronnym przeznaczeniu

1 łyżeczka proszku do pieczenia

szczypta soli

Szczypta startej gałki muszkatołowej

1/2 łyżeczki mielonego cynamonu

1/4 łyżeczki mielonego kardamonu

1/2 szklanki masła orzechowego

2 łyżki oleju kokosowego, temperatura pokojowa

2 łyżki mleka migdałowego

1/2 szklanki brązowego cukru

1 łyżeczka ekstraktu waniliowego

1 szklanka wegańskich chipsów czekoladowych

Wskazówki

W misce wymieszaj mąkę, proszek do pieczenia i przyprawy.

W drugiej misce wymieszaj masło orzechowe, olej kokosowy, mleko migdałowe, cukier i wanilię. Dodaj mokrą mieszaninę do suchych składników i mieszaj, aż dobrze się połączą.

Dodaj kawałki czekolady. Ciasto wkładamy do lodówki na około 30 minut. Z ciasta uformuj małe ciasteczka i ułóż je na blasze wyłożonej papierem do pieczenia.

Piec w piekarniku nagrzanym do 350 stopni F przez około 11 minut. Przed podaniem ułóż je na metalowej kratce, aby lekko ostygły. Smacznego!

Ciasto z kremem kokosowym

(Gotowe w około 15 minut + czas chłodzenia | Na 12 porcji)

Na porcję: Kalorie: 295; Tłuszcz: 21,1 g; Węglowodany: 27,1 g; Białka: 3,8 g

Składniki

Skorupa:

2 szklanki orzechów włoskich

10 świeżych daktyli, bez pestek

2 łyżki oleju kokosowego w temperaturze pokojowej

1/4 łyżeczki kardamonu pachwinowego

1/2 łyżeczki mielonego cynamonu

1 łyżeczka ekstraktu waniliowego

Pożywny:

2 średnie przejrzałe banany

2 mrożone banany

1 szklanka kremu kokosowego, bardzo zimnego

1/3 szklanki syropu z agawy

Garnirunek:

3 uncje wegańskiej ciemnej czekolady, ogolone

Wskazówki

W robocie kuchennym połącz składniki skorupy, aż mieszanina się połączy; Wciśnij spód do lekko naoliwionej patelni.

Następnie wymieszaj warstwę wypełniającą. Na wierzch ciasta wylewamy nadzienie, za pomocą szpatułki tworzymy równą powierzchnię.

Ciasto wkładamy do zamrażalnika na około 3 godziny. Przechowuj w zamrażarce.

Tuż przed podaniem udekoruj kawałkami czekolady. Smacznego!

Proste czekoladki

(Gotowe w około 35 minut | Porcja dla 8)

Na porcję: Kalorie: 232; Tłuszcz: 15,5 g; Węglowodany: 19,6 g; Białka: 3,4 g

Składniki

10 uncji gorzkiej czekolady, podzielonej na kawałki

6 łyżek mleka kokosowego, ciepłego

1/4 łyżeczki mielonego cynamonu

1/4 łyżeczki mielonego anyżu

1/2 łyżeczki ekstraktu waniliowego

1/4 szklanki kakao w proszku, niesłodzonego

Wskazówki

Wymieszaj czekoladę, gorące mleko kokosowe, cynamon, anyż i wanilię, aż dobrze się połączą.

Użyj miarki do ciastek, aby podzielić mieszaninę na porcje o masie 1 uncji. Uformuj rękoma kulki i wstaw do lodówki na co najmniej 30 minut.

Zanurzaj kulki czekoladowe w kakao i przechowuj w lodówce do momentu podania. Smacznego!

Zimowa pikantna zupa Farro

(Gotowe w około 30 minut | Porcja dla 4 osób)

Na porcję: Kalorie: 298; Tłuszcz: 8,9 g; Węglowodany: 44,6 g; Białka: 11,7 g

Składniki

2 łyżki oliwy z oliwek

1 średni por, posiekany

1 średnia rzepa, pokrojona w plasterki

2 włoskie papryki pozbawione nasion i posiekane

1 papryczka jalapeno, posiekana

2 ziemniaki, obrane i pokrojone w kostkę

4 szklanki bulionu warzywnego

1 szklanka farro, opłukana

1/2 łyżeczki granulowanego czosnku

1/2 łyżeczki kurkumy w proszku

1 zatoka zatokowa

2 szklanki posiekanego szpinaku

W rondlu o grubym dnie rozgrzej oliwę z oliwek na średnim ogniu. Teraz smaż pory, rzepę, paprykę i ziemniaki przez około 5 minut, aż będą miękkie i chrupiące.

Dodać bulion warzywny, farro, czosnek granulowany, kurkumę i liść laurowy; wrze.

Natychmiast zmniejsz ogień, aby zagotować. Gotuj przez około 25 minut lub do momentu, aż farro i ziemniaki będą miękkie.

Dodaj szpinak i zdejmij patelnię z ognia; Pozostaw szpinak na ogniu resztkowym, aż zwiędnie. Smacznego!

Tęczowa sałatka z ciecierzycy

(Gotowe w około 30 minut | Porcja dla 4 osób)

Na porcję: Kalorie: 378; tłuszcz: 24 g; Węglowodany: 34,2 g; Białka: 10,1 g

Składniki

16 uncji ciecierzycy z puszki, odsączonej

1 średnie awokado, pokrojone w plasterki

1 papryka, pozbawiona nasion i pokrojona w plasterki

1 duży pomidor, pokrojony w plasterki

2 ogórki, pokrojone w kostkę

1 pokrojona w plasterki czerwona cebula

1/2 łyżeczki mielonego czosnku

1/4 szklanki posiekanej świeżej pietruszki

1/4 szklanki oliwy z oliwek

2 łyżki octu jabłkowego

1/2 świeżo wyciśniętej limonki

Sól morska i mielony czarny pieprz do smaku

Adresy

Wszystkie składniki wymieszaj w salaterce.

Przed podaniem sałatkę wkładamy do lodówki na około 1 godzinę.

Smacznego!

Sałatka śródziemnomorska z soczewicy

(Gotowe w około 20 minut + czas chłodzenia | 5 porcji)

Na porcję: Kalorie: 348; tłuszcz: 15 g; Węglowodany: 41,6 g; Białko: 15,8 g

Składniki

1 ½ szklanki czerwonej soczewicy, opłukanej

1 łyżeczka musztardy delikatesowej

1/2 świeżo wyciśniętej cytryny

2 łyżki sosu tamari

2 szczypiorek, posiekany

1/4 szklanki oliwy z oliwek z pierwszego tłoczenia

2 posiekane ząbki czosnku

1 szklanka sałaty masłowej, pokrojonej na kawałki

2 łyżki posiekanej świeżej natki pietruszki

2 łyżki posiekanej świeżej kolendry

1 łyżeczka świeżej bazylii

1 łyżeczka świeżego oregano

1 ½ szklanki pomidorków cherry, przekrojonych na połówki

3 uncje oliwek Kalamata, pozbawionych pestek i przekrojonych na
pół

Adresy

W dużym rondlu zagotuj 4½ szklanki wody i czerwoną soczewicę.

Natychmiast zmniejsz ogień do wrzenia i kontynuuj gotowanie
soczewicy przez około 15 minut lub do momentu, aż będzie
miękka. Odcedzić i pozostawić do całkowitego ostygnięcia.

Przenieś soczewicę do salaterki; wymieszaj soczewicę z
pozostałymi składnikami, aż dobrze się połączą.

Podawać na zimno lub w temperaturze pokojowej. Smacznego!

Sałatka z pieczonych szparagów i awokado

(Gotowe w około 20 minut + czas chłodzenia | Porcja dla 4 osób)

Na porcję: Kalorie: 378; Tłuszcz: 33,2 g; Węglowodany: 18,6 g; Białka: 7,8 g

Składniki

1 funt szparagów, pokrojonych na małe kawałki

1 posiekana biała cebula

2 posiekane ząbki czosnku

1 pomidor romański, pokrojony w plasterki

1/4 szklanki oliwy z oliwek

1/4 szklanki octu balsamicznego

1 łyżka musztardy mielonej w kamieniu

2 łyżki posiekanej świeżej natki pietruszki

1 łyżka posiekanej świeżej kolendry

1 łyżka posiekanej świeżej bazylii

Sól morska i mielony czarny pieprz do smaku

1 małe awokado, wypestkowane i pokrojone w kostkę

1/2 szklanki posiekanych orzeszków piniowych

Adresy

Zacznij od rozgrzania piekarnika do 420 stopni F.

Szparagi polej 1 łyżką oliwy z oliwek i ułóż na blasze wyłożonej papierem do pieczenia.

Gotuj przez około 15 minut, obracając patelnię raz lub dwa razy, aby zapewnić równomierne gotowanie. Pozostaw do całkowitego ostygnięcia i włóż do salaterki.

Szparagi wymieszać z warzywami, oliwą, octem, musztardą i ziołami. Sól i pieprz do smaku.

Mieszamy i posypujemy awokado i orzeszkami piniowymi. Smacznego!

Kremowa sałatka z zielonej fasolki i orzeszków piniowych

(Gotowe w około 10 minut + czas chłodzenia | Porcja dla 5 osób)

Na porcję: Kalorie: 308; Tłuszcz: 26,2 g; Węglowodany: 16,6 g; Białka: 5,8 g

Składniki

1 ½ funta zielonej fasolki, posiekanej

2 średnie pomidory, pokrojone w kostkę

2 papryki pozbawione nasion i pokrojone w kostkę

4 łyżki posiekanej szalotki

1/2 szklanki posiekanych orzeszków piniowych

1/2 szklanki majonezu wegańskiego

1 łyżka musztardy delikatesowej

2 łyżki posiekanej świeżej bazylii

2 łyżki posiekanej świeżej natki pietruszki

1/2 łyżeczki zmielonych płatków czerwonej papryki

Sól morska i świeżo zmielony czarny pieprz do smaku

Adresy

Gotuj fasolkę szparagową w dużym garnku z osoloną wodą do miękkości, około 2 minut.

Odcedź i poczekaj, aż fasola całkowicie ostygnie; następnie przełóż je do salaterki. Fasolę wymieszać z pozostałymi składnikami.

Posmakuj i dostosuj przyprawy. Smacznego!

Zupa Fasolowa Cannellini Z Kapustą

(Gotowe w około 25 minut | Porcja dla 5 osób)

Na porcję: Kalorie: 188; Tłuszcz: 4,7 g; Węglowodany: 24,5 g; Białko: 11,1 g

Składniki

1 łyżka oliwy z oliwek

1/2 łyżeczki posiekanego imbiru

1/2 łyżeczki nasion kminku

1 posiekana czerwona cebula

1 marchewka, pokrojona i rozdrobniona

1 pasternak, pokrojony i posiekany

2 posiekane ząbki czosnku

5 szklanek bulionu warzywnego

12 uncji fasoli cannellini, odsączonej

2 szklanki kapusty, pokrojonej na kawałki

Sól morska i mielony czarny pieprz do smaku

Adresy

W ciężkim rondlu podgrzej oliwki na średnim ogniu. Teraz podsmaż imbir i kminek przez około 1 minutę.

Teraz dodaj cebulę, marchewkę i pasternak; Kontynuuj smażenie przez kolejne 3 minuty lub do momentu, aż warzywa będą miękkie.

Dodaj czosnek i kontynuuj smażenie przez 1 minutę lub do momentu, aż zacznie pachnieć.

Następnie zalać bulionem warzywnym i zagotować. Natychmiast zmniejsz ogień do małego i gotuj przez 10 minut.

Wymieszaj fasolę cannellini i kapustę; Kontynuuj gotowanie, aż kapusta zwiędnie i wszystko się podgrzeje. Dopraw solą i pieprzem do smaku.

Podawać w osobnych miseczkach i podawać na gorąco. Smacznego!

. Obfity krem grzybowy

(Gotowe w około 15 minut | Porcja dla 5 osób)

Na porcję: Kalorie: 308; Tłuszcz: 25,5 g; Węglowodany: 11,8 g; Białko: 11,6 g

Składniki

2 łyżki masła sojowego

1 duża szalotka, posiekana

20 uncji grzybów cremini, pokrojonych w plasterki

2 posiekane ząbki czosnku

4 łyżki mąki lnianej

5 szklanek bulionu warzywnego

1 1/3 szklanki pełnego mleka kokosowego

1 liść laurowy

Sól morska i mielony czarny pieprz do smaku

Adresy

Rozpuść wegańskie masło w rondlu na średnim ogniu. Gdy szalotki będą gorące, gotuj, aż będą miękkie i pachnące, około 3 minuty.

Dodaj grzyby i czosnek i kontynuuj smażenie, aż grzyby będą miękkie. Dodaj siemię lniane i kontynuuj gotowanie przez około 1 minutę.

Dodaj pozostałe składniki. Doprowadzić do wrzenia, przykryć i dalej gotować przez kolejne 5 do 6 minut, aż zupa lekko zgęstnieje.

Smacznego!

Autentyczna włoska sałatka panzanella

(Gotowe w około 35 minut | Porcja dla 3 osób)

Na porcję: Kalorie: 334; Tłuszcz: 20,4 g; Węglowodany: 33,3 g; Białka: 8,3 g

Składniki

3 szklanki chleba rzemieślniczego pokrojonego w 1-calową kostkę

3/4 funta szparagów, przyciętych i pokrojonych na małe kawałki

4 łyżki oliwy z oliwek z pierwszego tłoczenia

1 posiekana czerwona cebula

2 łyżki świeżego soku z limonki

1 łyżeczka musztardy delikatesowej

2 średnie pomidory tradycyjne, pokrojone w kostkę

2 szklanki rukoli

2 szklanki szpinaku baby

2 włoskie papryki, pozbawione nasion i pokrojone w plasterki

Sól morska i mielony czarny pieprz do smaku

Adresy

Kostki chleba układamy na blaszce wyłożonej papierem do pieczenia. Piec w piekarniku nagrzanym do 310 stopni F przez około 20 minut, w trakcie pieczenia dwukrotnie obracając blachę; rezerwacja.

Włącz piekarnik na 120 stopni F i wrzuć szparagi z 1 łyżką oliwy z oliwek. Grilluj szparagi przez około 15 minut lub do miękkości.

Połącz pozostałe składniki w salaterce; na wierzch połóż grillowane szparagi i tost z chleba.

Smacznego!

Sałatka z komosy ryżowej i czarnej fasoli

(Gotowe w około 15 minut + czas chłodzenia | Porcja dla 4 osób)

Na porcję: Kalorie: 433; Lipidy: 17,3 g; Węglowodany: 57g; Białko: 15,1 g

Składniki

2 szklanki wody

1 szklanka quinoa, opłukana

16 uncji czarnej fasoli z puszki, odsączonej

2 pomidory rzymskie, pokrojone w plasterki

1 czerwona cebula, drobno posiekana

1 ogórek, wypestkowany i posiekany

2 ząbki czosnku, wyciśnięte lub posiekane

2 włoskie papryki, pozbawione nasion i pokrojone w plasterki

2 łyżki posiekanej świeżej natki pietruszki

2 łyżki posiekanej świeżej kolendry

1/4 szklanki oliwy z oliwek

1 świeżo wyciśnięta cytryna

1 łyżka octu jabłkowego

1/2 łyżeczki suszonego koperku

1/2 łyżeczki suszonego oregano

Sól morska i mielony czarny pieprz do smaku

Adresy

Do rondla wlej wodę i quinoę, zagotuj. Natychmiast zmniejsz ogień, aby zagotować.

Gotować na wolnym ogniu przez około 13 minut, aż komosa ryżowa wchłonie całą wodę; Komosę ryżową rozgnieść widelcem i pozostawić do całkowitego ostygnięcia. Następnie przełóż quinoę do miski.

Do salaterki dodaj pozostałe składniki i wymieszaj, aby dobrze się połączyły. Smacznego!

Bogata sałatka z bulguru z ziołami

(Gotowe w około 20 minut + czas chłodzenia | Porcja dla 4 osób)

Na porcję: Kalorie: 408; Tłuszcz: 18,3 g; Węglowodany: 51,8 g;
Białka: 13,1 g

Składniki

2 szklanki wody

1 szklanka bulguru

12 uncji ciecierzycy z puszki, odsączonej

1 ogórek perski, pokrojony w cienkie plasterki

2 papryki pozbawione gniazd nasiennych i pokrojone w cienkie
plasterki

1 papryczka jalapeno, pozbawiona nasion i pokrojona w cienkie
plasterki

2 pomidory rzymskie, pokrojone w plasterki

1 cebula, drobno posiekana

2 łyżki posiekanej świeżej bazylii

2 łyżki posiekanej świeżej natki pietruszki

2 łyżki posiekanej świeżej mięty

2 łyżki posiekanego świeżego szczypiorku

4 łyżki oliwy z oliwek

1 łyżka octu balsamicznego

1 łyżka soku z cytryny

1 łyżeczka świeżego czosnku, wyciśniętego

Sól morska i świeżo zmielony czarny pieprz do smaku

2 łyżki drożdży odżywczych

1/2 szklanki oliwek Kalamata, pokrojonych w plasterki

Adresy

W garnku zagotuj wodę i bulgur. Natychmiast zmniejsz ogień i gotuj przez około 20 minut lub do momentu, aż bulgur będzie miękki i prawie wchłonie wodę. Wymieszaj widelcem i wyjmij na duży talerz, aby ostygł.

Do miski włóż bulgur, dodaj ciecierzycę, ogórek, paprykę, pomidory, cebulę, bazylię, pietruszkę, miętę i szczypiorek.

W małej misce wymieszaj oliwę z oliwek, ocet balsamiczny, sok z cytryny, czosnek, sól i czarny pieprz. Doprawiamy sałatkę i mieszamy.

Posypać drożdżami odżywczymi, udekorować oliwkami i podawać w temperaturze pokojowej. Smacznego!

Klasyczna sałatka z pieczonej papryki

(Gotowe w około 15 minut + czas chłodzenia | 3 porcje)

Na porcję: Kalorie: 178; Tłuszcz: 14,4 g; Węglowodany: 11,8 g; Białka: 2,4 g

Składniki

6 papryk

3 łyżki oliwy z oliwek z pierwszego tłoczenia

3 łyżeczki czerwonego octu winnego

3 ząbki czosnku, drobno posiekane

2 łyżki posiekanej świeżej natki pietruszki

Sól morska i świeżo zmielony czarny pieprz do smaku

1/2 łyżeczki płatków czerwonej papryki

6 łyżek posiekanych orzeszków piniowych

Adresy

Piecz paprykę na blasze wyłożonej papierem do pieczenia przez około 10 minut, w połowie pieczenia obracając patelnię, aż zbrązowieje ze wszystkich stron.

Następnie przykryj paprykę folią spożywczą z naczynia do gotowania na parze. Usuń skórę, nasiona i pestki.

Paprykę pokroić w paski i wymieszać z pozostałymi składnikami. Przechowywać w lodówce do momentu podania. Smacznego!

Pożywna zimowa zupa z komosy ryżowej

(Gotowe w około 25 minut | Porcja dla 4 osób)

Na porcję: Kalorie: 328; Tłuszcz: 11,1 g; Węglowodany: 44,1 g; Białka: 13,3 g

Składniki

2 łyżki oliwy z oliwek

1 posiekana cebula

2 marchewki, obrane i posiekane

1 posiekany pasternak

1 łodyga selera, posiekana

1 szklanka posiekanej żółtej dyni

4 ząbki czosnku, wyciśnięte lub posiekane

4 szklanki bulionu z pieczonych warzyw

2 średnie pomidory, posiekane

1 szklanka komosy ryżowej

Sól morska i mielony czarny pieprz do smaku

1 zatoka zatokowa

2 szklanki boćwiny, usunięte twarde żeberka i pokrojone na kawałki

2 łyżki posiekanej natki pietruszki włoskiej

Adresy

W ciężkim rondlu podgrzej oliwki na średnim ogniu. Teraz smaż cebulę, marchewkę, pasternak, seler i dynię żółtą przez około 3 minuty lub do momentu, aż warzywa będą miękkie.

Dodaj czosnek i kontynuuj smażenie przez 1 minutę lub do momentu, aż zacznie pachnieć.

Następnie dodać bulion warzywny, pomidory, komosę ryżową, sól, pieprz i liść laurowy; wrze. Natychmiast zmniejsz ogień do małego i gotuj na wolnym ogniu przez 13 minut.

Dodaj boćwinę; kontynuuj gotowanie na małym ogniu, aż boćwina będzie miękka.

Podawać w osobnych miseczkach i udekorować świeżą natką pietruszki. Smacznego!

sałatka z zielonej soczewicy

(Gotowe w około 20 minut + czas chłodzenia | 5 porcji)

Na porcję: Kalorie: 349; Tłuszcz: 15,1 g; Węglowodany: 40,9 g; Białka: 15,4 g

Składniki

1 ½ szklanki zielonej soczewicy, opłukanej

2 szklanki rukoli

2 szklanki sałaty rzymskiej, pokrojonej na kawałki

1 szklanka szpinaku baby

1/4 szklanki posiekanej świeżej bazylii

1/2 szklanki posiekanej szalotki

2 ząbki czosnku, drobno posiekane

1/4 szklanki suszonych pomidorów nasączonych olejem, opłukanych i posiekanych

5 łyżek oliwy z oliwek z pierwszego tłoczenia

3 łyżki świeżego soku z cytryny

Sól morska i mielony czarny pieprz do smaku

Adresy

W dużym rondlu zagotuj 4½ szklanki wody i czerwoną soczewicę.

Natychmiast doprowadź ogień do wrzenia i kontynuuj gotowanie soczewicy przez kolejne 15 do 17 minut lub do momentu, aż będzie miękka, ale nie papkowata. Odcedzić i pozostawić do całkowitego ostygnięcia.

Przenieś soczewicę do salaterki; wymieszaj soczewicę z pozostałymi składnikami, aż dobrze się połączą.

Podawać na zimno lub w temperaturze pokojowej. Smacznego!

. Zupa z żołędziami, ciecierzycą i kuskusem

(Gotowe w około 20 minut | Porcja dla 4 osób)

Na porcję: Kalorie: 378; tłuszcz: 11 g; Węglowodany: 60,1 g; Białko: 10,9 g

Składniki

2 łyżki oliwy z oliwek

1 szalotka, posiekana

1 marchewka, pokrojona i rozdrobniona

2 szklanki posiekanej dyni żołędziowej

1 łodyga selera, posiekana

1 łyżeczka drobno posiekanego czosnku

1 łyżeczka suszonego rozmarynu, posiekanego

1 łyżeczka suszonego tymianku, posiekanego

2 szklanki kremu cebulowego

2 szklanki wody

1 szklanka suchego kuskusu

Sól morska i mielony czarny pieprz do smaku

1/2 łyżeczki płatków czerwonej papryki

6 uncji ciecierzycy z puszki, odsączonej

2 łyżki świeżego soku z cytryny

Adresy

W ciężkim rondlu podgrzej oliwki na średnim ogniu. Teraz smaż szalotkę, marchewkę, dynię i seler przez około 3 minuty lub do momentu, aż warzywa będą miękkie.

Dodaj czosnek, rozmaryn i tymianek i kontynuuj smażenie przez 1 minutę lub do momentu, aż zaczną wydzielać zapach.

Następnie dodać zupę, wodę, kuskus, sól, pieprz czarny i płatki czerwonej papryki; wrze. Natychmiast zmniejsz ogień do małego i gotuj na wolnym ogniu przez 12 minut.

Dodaj ciecierzycę z puszki; Kontynuuj gotowanie na wolnym ogniu, aż się rozgrzeje lub około 5 minut dłużej.

Podawać w osobnych miseczkach i skropić sokiem z cytryny. Smacznego!

. Kapuśniak z crostini czosnkowym

(Gotowe w około 1 godzinę | Porcja dla 4 osób)

Na porcję: Kalorie: 408; Tłuszcz: 23,1 g; Węglowodany: 37,6 g; Białka: 11,8 g

Składniki

Zupa:

2 łyżki oliwy z oliwek

1 średni por posiekany

1 szklanka posiekanej rzepy

1 posiekany pasternak

1 posiekana marchewka

2 szklanki posiekanej kapusty

2 ząbki czosnku, drobno posiekane

4 szklanki bulionu warzywnego

2 liście laurowe

Sól morska i mielony czarny pieprz do smaku

1/4 łyżeczki nasion kminku

1/2 łyżeczki nasion gorczycy

1 łyżeczka suszonej bazylii

2 pomidory, posiekane

Crostini:

8 plasterków bagietki

2 główki czosnku

4 łyżki oliwy z oliwek z pierwszego tłoczenia

Adresy

Podgrzej 2 łyżki oliwek w garnku na średnim ogniu. Teraz smaż pory, rzepę, pasternak i marchewkę przez około 4 minuty lub do momentu, aż warzywa będą miękkie i chrupiące.

Dodaj czosnek i kapustę i kontynuuj smażenie przez 1 minutę lub do momentu, aż zaczną wydzielać zapach.

Następnie dodać bulion warzywny, liście laurowe, sól, pieprz czarny, kminek, gorczycę, suszoną bazylię i przecier pomidorowy; wrze. Natychmiast zmniejsz ogień do małego i gotuj przez około 20 minut.

W międzyczasie rozgrzej piekarnik do 150 stopni F. Teraz piecz plasterki czosnku i bagietki przez około 15 minut. Wyjmij crostini z piekarnika.

Kontynuuj pieczenie czosnku przez kolejne 45 minut lub do momentu, aż będzie bardzo miękki. Pozwól czosnkowi ostygnąć.

Teraz odetnij każdą główkę czosnku ostrym ząbkowanym nożem, aby oddzielić wszystkie ząbki.

Wyciśnij podsmażone ząbki czosnku ze skórek. Zmiażdż miąższ czosnku z 4 łyżkami oliwy z oliwek z pierwszego tłoczenia.

Rozłóż równomiernie mieszankę pieczonego czosnku na wierzchu crostini. Podawać z gorącą zupą. Smacznego!

Zupa krem z zielonej fasoli

(Gotowe w około 35 minut | Porcja dla 4 osób)

Na porcję: Kalorie: 410; Tłuszcz: 19,6 g; Węglowodany: 50,6 g; Białka: 13,3 g

Składniki

1 łyżka oleju sezamowego

1 posiekana cebula

1 zielona papryka, pozbawiona nasion i posiekana

2 czerwone ziemniaki, obrane i pokrojone w kostkę

2 posiekane ząbki czosnku

4 szklanki bulionu warzywnego

1 funt zielonej fasolki, posiekanej

Sól morska i mielony czarny pieprz do przyprawienia

1 szklanka pełnego mleka kokosowego

Adresy

Podgrzej nasiona sezamu w rondlu o grubym dnie na średnim ogniu. Teraz smaż cebulę, paprykę i ziemniaki przez około 5 minut, od czasu do czasu mieszając.

Dodaj czosnek i kontynuuj smażenie przez 1 minutę lub do momentu, aż zacznie pachnieć.

Następnie dodać bulion warzywny, fasolkę szparagową, sól i czarny pieprz; wrze. Natychmiast zmniejsz ogień do małego i gotuj przez 20 minut.

Zmiksuj mieszankę fasolki szparagowej za pomocą blendera zanurzeniowego, aż będzie gładka i kremowa.

Przełóż mieszaninę puree z powrotem do rondla. Dodaj mleko kokosowe i kontynuuj gotowanie na wolnym ogniu, aż będzie gorące lub około 5 minut dłużej.

Podawać w osobnych miseczkach i podawać na gorąco. Smacznego!

Tradycyjna francuska zupa cebulowa

(Gotowe w około 1h30 | dla 4 osób)

Na porcję: Kalorie: 129; Tłuszcz: 8,6 g; Węglowodany: 7,4 g; Białka: 6,3 g

Składniki

 2 łyżki oliwy z oliwek

 2 duże żółte cebule, pokrojone w cienkie plasterki

 2 gałązki posiekanego tymianku

 2 gałązki rozmarynu, posiekane

 2 łyżeczki octu balsamicznego

 4 szklanki bulionu warzywnego

 Sól morska i mielony czarny pieprz do smaku

Adresy

Rozgrzej oliwę z oliwek w garnku lub rondlu na średnim ogniu. Teraz gotuj cebulę z tymiankiem, rozmarynem i 1 łyżeczką soli morskiej przez około 2 minuty.

Teraz zmniejsz ogień do średnio-niskiego i kontynuuj gotowanie, aż cebula się karmelizuje, czyli około 50 minut.

Dodać ocet balsamiczny i gotować kolejne 15 minut. Dodać bulion, sól i czarny pieprz i dalej dusić przez 20-25 minut.

Podawaj z tostami i smacznego!

. zupa z pieczonej marchewki

(Gotowe w około 50 minut | Porcja dla 4 osób)

Na porcję: Kalorie: 264; Tłuszcz: 18,6 g; Węglowodany: 20,1 g; Białka: 7,4 g

Składniki

1 ½ funta marchewki

4 łyżki oliwy z oliwek

1 posiekana żółta cebula

2 posiekane ząbki czosnku

1/3 łyżeczki mielonego kminku

Sól morska i biały pieprz do smaku.

1/2 łyżeczki kurkumy w proszku

4 szklanki bulionu warzywnego

2 łyżeczki soku z cytryny

2 łyżki posiekanej świeżej kolendry

Rozpocznij od rozgrzania piekarnika do 400 stopni F. Ułóż marchewki na dużej blasze do pieczenia wyłożonej papierem pergaminowym; Marchewkę wymieszać z 2 łyżkami oliwy z oliwek.

Piecz marchewki przez około 35 minut lub do miękkości.

W rondlu o grubym dnie rozgrzej pozostałe 2 łyżki oliwy z oliwek. Teraz smaż cebulę i czosnek przez około 3 minuty lub do momentu, aż zaczną pachnieć.

Dodać kminek, sól, pieprz, kurkumę, bulion warzywny i prażoną marchewkę. Kontynuuj gotowanie przez kolejne 12 minut.

Zmiksuj zupę za pomocą blendera zanurzeniowego. Zupę polej sokiem z cytryny i podawaj udekorowaną listkami świeżej kolendry. Smacznego!

Włoska sałatka makaronowa z penne

(Gotowe w około 15 minut + czas chłodzenia | 3 porcje)

Na porcję: Kalorie: 614; Tłuszcz: 18,1 g; Węglowodany: 101g; Białka: 15,4 g

Składniki

9 uncji makaronu penne

9 uncji fasoli cannellini z puszki, odsączonej

1 mała cebula, drobno posiekana

1/3 szklanki oliwek niçoise, wypestkowanych i pokrojonych w plasterki

2 włoskie papryki, pokrojone w plasterki

1 szklanka pomidorków koktajlowych, przekrojonych na połówki

3 szklanki rukoli

Bandaż:

3 łyżki oliwy z oliwek z pierwszego tłoczenia

1 łyżeczka skórki z cytryny

1 łyżeczka mielonego czosnku

3 łyżki octu balsamicznego

1 łyżeczka mieszanki ziół włoskich

Sól morska i mielony czarny pieprz do smaku

Adresy

Ugotuj makaron penne zgodnie z instrukcją na opakowaniu. Odcedź i opłucz makaron. Pozostawić do całkowitego ostygnięcia, następnie przełożyć sałatkę do miski.

Następnie do salaterki dodać fasolę, cebulę, oliwki, paprykę, pomidory i rukolę.

Wszystkie składniki winegretu mieszamy aż do dokładnego połączenia. Dopraw sałatkę i podawaj na zimno. Smacznego!

Indyjska sałatka Chana Chaat

(Gotowe w około 45 minut + czas chłodzenia | Porcja dla 4 osób)

Na porcję: Kalorie: 604; Tłuszcz: 23,1 g; Węglowodany: 80g; Białka: 25,3 g

Składniki

1 funt suszonej ciecierzycy, namoczonej przez noc

2 pokrojone w kostkę pomidory San Marzano

1 ogórek perski, pokrojony w plasterki

1 posiekana cebula

1 papryka, pozbawiona nasion i drobno posiekana

1 zielone chili, pozbawione nasion i drobno posiekane

2 garści szpinaku baby

1/2 łyżeczki proszku chili kaszmirskiego

4 posiekane liście curry

1 łyżka chaat masala

2 łyżki świeżego soku z cytryny lub do smaku

4 łyżki oliwy z oliwek

1 łyżeczka syropu z agawy

1/2 łyżeczki nasion gorczycy

1/2 łyżeczki nasion kolendry

2 łyżki nasion sezamu, lekko uprażonych

2 łyżki posiekanej świeżej kolendry

Adresy

Odcedź ciecierzycę i przełóż ją do dużego garnka. Ciecierzycę zalać 2-centymetrową ilością wody i doprowadzić do wrzenia.

Natychmiast zmniejsz ogień i gotuj dalej przez około 40 minut.

Wymieszaj ciecierzycę z pomidorami, ogórkiem, cebulą, papryką, szpinakiem, chili w proszku, liśćmi curry i chaat masala.

W małej misce dobrze wymieszaj sok z cytryny, oliwę z oliwek, syrop z agawy, nasiona gorczycy i nasiona kolendry.

Udekoruj nasionami sezamu i świeżą kolendrą. Smacznego!

Makaron tajski i sałatka tempeh

(Gotowe w około 45 minut | Porcja dla 3 osób)

Na porcję: Kalorie: 494; Tłuszcz: 14,5 g; Węglowodany: 75g; Białko: 18,7 g

Składniki

6 uncji tempehu

4 łyżki octu ryżowego

4 łyżki sosu sojowego

2 posiekane ząbki czosnku

1 mała limonka, świeżo wyciśnięta

5 uncji makaronu ryżowego

1 marchewka, pokrojona w julienne

1 szalotka, posiekana

3 garści bok choy, pokrojonego w cienkie plasterki

3 garści kapusty, pokrojonej na kawałki

1 papryka, pozbawiona nasion i drobno posiekana

1 chili „ptasie oko", posiekane

1/4 szklanki masła orzechowego

2 łyżki syropu z agawy

Adresy

W ceramicznej misce umieść tempeh, 2 łyżki octu ryżowego, sosu sojowego, czosnku i soku z cytryny; pozostawić do maceracji na około 40 minut.

W międzyczasie ugotuj makaron ryżowy zgodnie z instrukcją na opakowaniu. Odcedź makaron i przełóż go do miski.

Do salaterki dodaj marchewkę, szalotkę, kapustę, jarmuż i paprykę. Dodaj masło orzechowe, pozostałe 2 łyżki octu ryżowego i syrop z agawy i wymieszaj.

Udekoruj marynowanym tempeh i natychmiast podawaj. Cieszyć się!

Klasyczny krem brokułowy

(Gotowe w około 35 minut | Porcja dla 4 osób)

Na porcję: Kalorie: 334; Tłuszcz: 24,5 g; Węglowodany: 22,5 g; Białka: 10,2 g

Składniki

2 łyżki oliwy z oliwek

1 funt różyczek brokułów

1 posiekana cebula

1 łodyga selera, posiekana

1 posiekany pasternak

1 łyżeczka mielonego czosnku

3 szklanki bulionu warzywnego

1/2 łyżeczki suszonego koperku

1/2 łyżeczki suszonego oregano

Sól morska i mielony czarny pieprz do smaku

2 łyżki mąki lnianej

1 szklanka pełnego mleka kokosowego

Adresy

W rondlu o grubym dnie rozgrzej oliwę z oliwek na średnim ogniu. Teraz smaż brokuły, cebulę, seler i pasternak przez około 5 minut, od czasu do czasu mieszając.

Dodaj czosnek i kontynuuj smażenie przez 1 minutę lub do momentu, aż zacznie pachnieć.

Następnie dodać bulion warzywny, koperek, oregano, sól i czarny pieprz; wrze. Natychmiast zmniejsz ogień do małego i gotuj przez około 20 minut.

Zmiksuj zupę za pomocą blendera zanurzeniowego, aż będzie gładka i kremowa.

Przełóż mieszaninę puree z powrotem do rondla. Dodaj siemię lniane i mleko kokosowe; Kontynuuj gotowanie na wolnym ogniu, aż się podgrzeje lub około 5 minut.

Podawaj w czterech miseczkach i ciesz się smakiem!

Marokańska sałatka z soczewicy i rodzynek

(Gotowe w około 20 minut + czas chłodzenia | Porcja dla 4 osób)

Na porcję: Kalorie: 418; tłuszcz: 15 g; Węglowodany: 62,9 g; Białka: 12,4 g

Składniki

1 szklanka czerwonej soczewicy, opłukanej

1 duża marchewka, starta

1 ogórek perski, pokrojony w cienkie plasterki

1 pokrojona w plasterki słodka cebula

1/2 szklanki złotych rodzynek

1/4 szklanki świeżej mięty, posiekanej

1/4 szklanki świeżej bazylii, posiekanej

1/4 szklanki oliwy z oliwek z pierwszego tłoczenia

1/4 szklanki soku z cytryny, świeżo wyciśniętego

1 łyżeczka startej skórki z cytryny

1/2 łyżeczki świeżego korzenia imbiru, obranego i posiekanego

1/2 łyżeczki granulowanego czosnku

1 łyżeczka zmielonego ziela angielskiego

Sól morska i mielony czarny pieprz do smaku

Adresy

W dużym garnku zagotuj 3 szklanki wody i 1 szklankę soczewicy.

Natychmiast zmniejsz ogień do wrzenia i kontynuuj gotowanie soczewicy przez kolejne 15-17 minut lub do momentu, aż będzie miękka, ale nie papkowata. Odcedzić i pozostawić do całkowitego ostygnięcia.

Przenieś soczewicę do salaterki; dodać marchewkę, ogórek i słodką cebulę. Następnie do sałatki dodajemy rodzynki, miętę i bazylię.

W małej misce wymieszaj oliwę z oliwek, sok z cytryny, skórkę z cytryny, imbir, czosnek granulowany, ziele angielskie, sól i czarny pieprz.

Dopraw sałatkę i podawaj bardzo zimną. Smacznego!

Sałatka ze szparagów i ciecierzycy

(Gotowe w około 10 minut + czas chłodzenia | Porcja dla 5 osób)

Na porcję: Kalorie: 198; Tłuszcz: 12,9 g; Węglowodany: 17,5 g; Białka: 5,5 g

Składniki

1 ¼ funta szparagów, przyciętych i pokrojonych na małe kawałki

5 uncji ciecierzycy z puszki, odsączonej i opłukanej

1 papryczka chipotle, pozbawiona nasion i posiekana

1 włoska papryka, pozbawiona nasion i posiekana

1/4 szklanki posiekanych świeżych liści bazylii

1/4 szklanki posiekanych świeżych liści pietruszki

2 łyżki świeżych liści mięty

2 łyżki posiekanego świeżego szczypiorku

1 łyżeczka mielonego czosnku

1/4 szklanki oliwy z oliwek z pierwszego tłoczenia

1 łyżka octu balsamicznego

1 łyżka świeżego soku z cytryny

2 łyżki sosu sojowego

1/4 łyżeczki zmielonego ziela angielskiego

1/4 łyżeczki mielonego kminku

Sól morska i świeżo zmielony pieprz do smaku

Adresy

W dużym garnku zagotuj osoloną wodę razem ze szparagami; gotować przez 2 minuty; odcedzić i przepłukać.

Przełóż szparagi do salaterki.

Szparagi wymieszać z ciecierzycą, papryką, ziołami, czosnkiem, oliwą, octem, sokiem z limonki, sosem sojowym i przyprawami.

Mieszaj do połączenia i natychmiast podawaj. Smacznego!

Staroświecka sałatka z fasolki szparagowej

(Gotowe w około 10 minut + czas chłodzenia | Porcja dla 4 osób)

Na porcję: Kalorie: 240; Tłuszcz: 14,1 g; Węglowodany: 29g; Białka: 4,4 g

Składniki

1 ½ funta zielonej fasolki, posiekanej

1/2 szklanki posiekanego szczypiorku

1 łyżeczka mielonego czosnku

1 ogórek perski, pokrojony w plasterki

2 szklanki pomidorów winogronowych, przekrojonych na pół

1/4 szklanki oliwy z oliwek

1 łyżeczka musztardy delikatesowej

2 łyżki sosu tamari

2 łyżki soku z cytryny

1 łyżka octu jabłkowego

1/4 łyżeczki mielonego kminku

1/2 łyżeczki suszonego tymianku

Sól morska i mielony czarny pieprz do smaku

Adresy

Gotuj fasolkę szparagową w dużym garnku z osoloną wodą do miękkości, około 2 minut.

Odcedź i poczekaj, aż fasola całkowicie ostygnie; następnie przełóż je do salaterki. Fasolę wymieszać z pozostałymi składnikami.

Smacznego!

zimowa zupa fasolowa

(Gotowe w około 25 minut | Porcja dla 4 osób)

Na porcję: Kalorie: 234; Tłuszcz: 5,5 g; Węglowodany: 32,3 g; Białka: 14,4 g

Składniki

1 łyżka oliwy z oliwek

2 łyżki posiekanej szalotki

1 posiekana marchewka

1 posiekany pasternak

1 łodyga selera, posiekana

1 łyżeczka posiekanego świeżego czosnku

4 szklanki bulionu warzywnego

2 liście laurowe

1 gałązka posiekanego rozmarynu

16 uncji białej fasoli w puszkach

Płatki soli morskiej i mielony czarny pieprz do smaku

Adresy

W ciężkim rondlu podgrzej oliwki na średnim ogniu. Teraz smaż szalotkę, marchewkę, pasternak i seler przez około 3 minuty lub do momentu, aż warzywa będą miękkie.

Dodaj czosnek i kontynuuj smażenie przez 1 minutę lub do momentu, aż zacznie pachnieć.

Następnie dodać bulion warzywny, liść laurowy i rozmaryn i doprowadzić do wrzenia. Natychmiast zmniejsz ogień do małego i gotuj przez 10 minut.

Dodaj białą fasolę i kontynuuj gotowanie na wolnym ogniu przez około 5 minut, aż się rozgrzeje. Dopraw solą i czarnym pieprzem do smaku.

Podawać w oddzielnych miseczkach, wrzucić liść laurowy i podawać na gorąco. Smacznego!

Włoska zupa grzybowa Cremini

(Gotowe w około 15 minut | 3 porcje)

Na porcję: Kalorie: 154; Tłuszcz: 12,3 g; Węglowodany: 9,6 g; Białka: 4,4 g

Składniki

3 łyżki masła wegańskiego

1 posiekana biała cebula

1 posiekana czerwona papryka

1/2 łyżeczki wyciskanego czosnku

3 szklanki posiekanych grzybów cremini

2 łyżki mąki migdałowej

3 szklanki wody

1 łyżeczka mieszanki ziół włoskich

Sól morska i mielony czarny pieprz do smaku

1 czubata łyżka świeżego szczypiorku, posiekanego

Rozpuść wegańskie masło w rondlu na średnim ogniu. Gdy będzie gorąca, smaż cebulę i paprykę przez około 3 minuty, aż będą miękkie.

Dodaj czosnek i grzyby i dalej smaż, aż grzyby będą miękkie. Posyp grzyby mąką migdałową i kontynuuj smażenie przez około 1 minutę.

Dodaj pozostałe składniki. Doprowadzić do wrzenia, przykryć i gotować przez kolejne 5 do 6 minut, aż płyn lekko zgęstnieje.

Podawaj w trzech miskach zupy i udekoruj świeżym szczypiorkiem. Smacznego!

Krem ziemniaczany z zieleniną

(Gotowe w około 40 minut | Porcja dla 4 osób)

Na porcję: Kalorie: 400; tłuszcz: 9 g; Węglowodany: 68,7 g; Białka: 13,4 g

Składniki

2 łyżki oliwy z oliwek

1 posiekana cebula

1 łodyga selera, posiekana

4 duże ziemniaki, obrane i posiekane

2 posiekane ząbki czosnku

1 łyżeczka posiekanej świeżej bazylii

1 łyżeczka posiekanej świeżej natki pietruszki

1 łyżeczka posiekanego świeżego rozmarynu

1 zatoka zatokowa

1 łyżeczka zmielonego ziela angielskiego

4 szklanki bulionu warzywnego

Sól i świeżo zmielony czarny pieprz do smaku.

2 łyżki posiekanego świeżego szczypiorku

Adresy

W rondlu o grubym dnie rozgrzej oliwę z oliwek na średnim ogniu. Gdy będzie już gorący, smaż cebulę, seler i ziemniaki przez około 5 minut, od czasu do czasu mieszając.

Dodaj czosnek, bazylię, pietruszkę, rozmaryn, liść laurowy i ziele angielskie i smaż dalej przez 1 minutę lub do momentu, aż zacznie wydzielać zapach.

Teraz dodaj bulion warzywny, sól i czarny pieprz i szybko zagotuj. Natychmiast zmniejsz ogień do małego i gotuj przez około 30 minut.

Zmiksuj zupę za pomocą blendera zanurzeniowego, aż będzie gładka i kremowa.

Podgrzej zupę i podawaj ze świeżym szczypiorkiem. Smacznego!

Sałatka z komosy ryżowej i awokado

(Gotowe w około 15 minut + czas chłodzenia | Porcja dla 4 osób)

Na porcję: Kalorie: 399; Tłuszcz: 24,3 g; Węglowodany: 38,5 g; Białka: 8,4 g

Składniki

1 szklanka quinoa, opłukana

1 posiekana cebula

1 pomidor, pokrojony w kostkę

2 pieczone papryki, pokrojone w paski

2 łyżki posiekanej natki pietruszki

2 łyżki posiekanej bazylii

1/4 szklanki oliwy z oliwek z pierwszego tłoczenia

2 łyżki czerwonego octu winnego

2 łyżki soku z cytryny

1/4 łyżeczki pieprzu cayenne

Sól morska i świeżo zmielony czarny pieprz do przyprawienia

1 awokado, obrane, wypestkowane i pokrojone w plasterki

1 łyżka prażonych nasion sezamu

Adresy

Do rondla wlej wodę i quinoę, zagotuj. Natychmiast zmniejsz ogień, aby zagotować.

Gotować na wolnym ogniu przez około 13 minut, aż komosa ryżowa wchłonie całą wodę; Komosę ryżową rozgnieść widelcem i pozostawić do całkowitego ostygnięcia. Następnie przełóż quinoę do miski.

Do salaterki dodaj cebulę, pomidora, pieczoną paprykę, natkę pietruszki i bazylię. W innej małej misce wymieszaj oliwę z oliwek, ocet, sok z cytryny, pieprz cayenne, sól i czarny pieprz.

Dopraw sałatkę i dobrze wymieszaj. Na wierzchu ułóż plasterki awokado i udekoruj prażonymi ziarnami sezamu.

Smacznego!

Sałatka tabbouleh z tofu

(Gotowe w około 20 minut + czas chłodzenia | Porcja dla 4 osób)

Na porcję: Kalorie: 379; Tłuszcz: 18,3 g; Węglowodany: 40,7 g; Białko: 19,9 g

Składniki

1 szklanka bulguru

2 pomidory San Marzano, pokrojone w plasterki

1 ogórek perski, pokrojony w cienkie plasterki

2 łyżki posiekanej bazylii

2 łyżki posiekanej natki pietruszki

4 posiekany szczypiorek

2 szklanki rukoli

2 szklanki posiekanego szpinaku baby

4 łyżki tahini

4 łyżki soku z cytryny

1 łyżka sosu sojowego

1 łyżeczka świeżego czosnku, wyciśniętego

Sól morska i mielony czarny pieprz do smaku

12 uncji wędzonego tofu, pokrojonego w kostkę

Adresy

W garnku zagotuj 2 szklanki wody i bulgur. Natychmiast zmniejsz ogień do małego i gotuj przez około 20 minut lub do momentu, aż bulgur będzie miękki i prawie wchłonie wodę. Wymieszaj widelcem i wyjmij na duży talerz, aby ostygł.

W misce ułóż bulgur, a następnie pomidory, ogórek, bazylię, pietruszkę, zieloną cebulę, rukolę i szpinak.

W małej misce wymieszaj tahini, sok z cytryny, sos sojowy, czosnek, sól i czarny pieprz. Doprawiamy sałatkę i mieszamy.

Udekoruj sałatkę wędzonym tofu i podawaj w temperaturze pokojowej. Smacznego!

Ogrodowa sałatka makaronowa

(Gotowe w około 10 minut + czas chłodzenia | Porcja dla 4 osób)

Na porcję: Kalorie: 479; tłuszcz: 15 g; Węglowodany: 71,1 g; Białka: 14,9 g

Składniki

12 uncji makaronu rotini

1 mała cebula, drobno posiekana

1 szklanka pomidorków koktajlowych, przekrojonych na połówki

1 posiekana papryka

1 papryczka jalapeno, posiekana

1 łyżka kaparów, odsączonych

2 szklanki sałaty lodowej, pokrojonej na kawałki

2 łyżki posiekanej świeżej natki pietruszki

2 łyżki posiekanej świeżej kolendry

2 łyżki posiekanej świeżej bazylii

1/4 szklanki oliwy z oliwek

2 łyżki octu jabłkowego

1 łyżeczka wyciśniętego czosnku

Sól koszerna i mielony czarny pieprz do smaku

2 łyżki drożdży odżywczych

2 łyżki prażonych i posiekanych orzeszków piniowych

Adresy

Gotować makaron według wskazówek na opakowaniu. Odcedź i opłucz makaron. Pozostawić do całkowitego ostygnięcia, następnie przełożyć sałatkę do miski.

Następnie do salaterki dodaj cebulę, pomidory, paprykę, kapary, sałatę, natkę pietruszki, kolendrę i bazylię.

Wymieszaj oliwę z oliwek, ocet, czosnek, sól, czarny pieprz i odżywcze drożdże. Przygotuj sałatkę i udekoruj ją prażonymi orzeszkami piniowymi. Smacznego!

Tradycyjny barszcz ukraiński

(Gotowe w około 40 minut | Porcja dla 4 osób)

Na porcję: Kalorie: 367; Tłuszcz: 9,3 g; Węglowodany: 62,7 g; Białka: 12,1 g

Składniki

2 łyżki oleju sezamowego

1 posiekana czerwona cebula

2 marchewki, pokrojone w plasterki i kostkę

2 duże buraki, obrane i pokrojone w plasterki

2 duże ziemniaki, obrane i pokrojone w kostkę

4 szklanki bulionu warzywnego

2 posiekane ząbki czosnku

1/2 łyżeczki kminku

1/2 łyżeczki nasion selera

1/2 łyżeczki nasion kopru włoskiego

1 funt czerwonej kapusty, posiekanej

1/2 łyżeczki mieszanych ziaren pieprzu, świeżo tłuczonych

Sól koszerna do smaku

2 liście laurowe

2 łyżki octu winnego

Adresy

Rozgrzej olej sezamowy w holenderskim piekarniku na średnim ogniu. Gdy cebula będzie gorąca, gotuj, aż będzie miękka i przezroczysta, około 6 minut.

Dodać marchew, buraki i ziemniaki i dalej dusić przez kolejne 10 minut, okresowo dodając bulion warzywny.

Następnie dodaj czosnek, kminek, nasiona selera, nasiona kopru włoskiego i smaż jeszcze przez kolejne 30 sekund.

Dodać kapustę, mieszankę pieprzu, sól i liście laurowe. Dodać resztę bulionu i doprowadzić do wrzenia.

Natychmiast zmniejsz ogień i gotuj dalej przez kolejne 20-23 minuty, aż warzywa będą miękkie.

Podawać w osobnych miseczkach i skropić octem winnym. Podawaj i ciesz się!

Sałatka z soczewicy Beluga

(Gotowe w około 20 minut + czas chłodzenia | Porcja dla 4 osób)

Na porcję: Kalorie: 338; Tłuszcz: 16,3 g; Węglowodany: 37,2 g; Białka: 13g

Składniki

1 szklanka soczewicy bieługi, opłukanej

1 ogórek perski, pokrojony w plasterki

1 duży pomidor, pokrojony w plasterki

1 posiekana czerwona cebula

1 pokrojona papryka

1/4 szklanki posiekanej świeżej bazylii

1/4 szklanki posiekanej świeżej włoskiej pietruszki

2 uncje zielonych oliwek, wypestkowanych i pokrojonych w plasterki

1/4 szklanki oliwy z oliwek

4 łyżki soku z cytryny

1 łyżeczka musztardy delikatesowej

1/2 łyżeczki mielonego czosnku

1/2 łyżeczki zmielonych płatków czerwonej papryki

Sól morska i mielony czarny pieprz do smaku

Adresy

W dużym garnku zagotuj 3 szklanki wody i 1 szklankę soczewicy.

Natychmiast doprowadź ogień do wrzenia i kontynuuj gotowanie soczewicy przez kolejne 15 do 17 minut lub do momentu, aż będzie miękka, ale nie papkowata. Odcedzić i pozostawić do całkowitego ostygnięcia.

Przenieś soczewicę do salaterki; dodać ogórek, pomidory, cebulę, paprykę, bazylię, pietruszkę i oliwki.

W małej misce wymieszaj oliwę z oliwek, sok z cytryny, musztardę, czosnek, czerwoną paprykę, sól i czarny pieprz.

Przygotuj sałatkę, wymieszaj i podawaj schłodzoną. Smacznego!

Indyjska sałatka naan

(Gotowe w około 10 minut | 3 porcje)

Na porcję: Kalorie: 328; Lipidy: 17,3 g; Węglowodany: 36,6 g; Białko: 6,9 g

Składniki

3 łyżki oleju sezamowego

1 łyżeczka imbiru, obranego i posiekanego

1/2 łyżeczki nasion kminku

1/2 łyżeczki nasion gorczycy

1/2 łyżeczki mieszanych ziaren pieprzu

1 łyżka liści curry

3 chlebki naan, podzielone na małe kawałki

1 szalotka, posiekana

2 pokrojone pomidory

Sól himalajska do smaku

1 łyżka sosu sojowego

Adresy

Rozgrzej 2 łyżki oleju sezamowego na patelni z powłoką nieprzywierającą na średnim ogniu.

Podsmaż imbir, kminek, nasiona gorczycy, mieszankę ziaren pieprzu i liście curry przez około 1 minutę, aż zaczną wydzielać zapach.

Dodaj chlebki naan i kontynuuj smażenie, mieszając od czasu do czasu, aż będą złotobrązowe i dobrze pokryte przyprawami.

Umieść szalotkę i pomidory w salaterce; posypać solą, sosem sojowym i pozostałą łyżką oleju sezamowego.

Połóż tost na wierzchu sałatki i podawaj w temperaturze pokojowej. Cieszyć się!

Sałatka grecka z pieczonej papryki

(Gotowe w około 10 minut | 2 porcje)

Na porcję: Kalorie: 185; Tłuszcz: 11,5 g; Węglowodany: 20,6 g; Białka: 3,7 g

Składniki

2 czerwone papryki

2 żółte papryki

2 ząbki czosnku, wyciśnięte

4 łyżeczki oliwy z oliwek z pierwszego tłoczenia

1 łyżka kaparów, opłukanych i odsączonych

2 łyżki czerwonego octu winnego

Sól morska i mielony pieprz do smaku

1 łyżeczka świeżego koperku, posiekanego

1 łyżeczka posiekanego świeżego oregano

1/4 szklanki oliwek Kalamata, wypestkowanych i pokrojonych w plasterki

Adresy

Piecz paprykę na blasze wyłożonej papierem do pieczenia przez około 10 minut, w połowie pieczenia obracając patelnię, aż zbrązowieje ze wszystkich stron.

Następnie przykryj paprykę folią spożywczą z naczynia do gotowania na parze. Usuń skórę, nasiona i pestki.

Paprykę pokroić w paski i włożyć do salaterki. Dodać resztę składników i wymieszać, żeby dobrze się połączyły.

Przechowywać w lodówce do momentu podania. Smacznego!

Zupa fasolowo-ziemniaczana

(Gotowe w około 30 minut | Porcja dla 4 osób)

Na porcję: Kalorie: 266; Tłuszcz: 7,7 g; Węglowodany: 41,3 g; Białko: 9,3 g

Składniki

2 łyżki oliwy z oliwek

1 posiekana cebula

1 funt ziemniaków, obranych i pokrojonych w kostkę

1 średnia łodyga selera, posiekana

2 posiekane ząbki czosnku

1 łyżeczka papryki

4 szklanki wody

2 łyżki wegańskiego bulionu w proszku

16 uncji fasoli z puszki, odsączonej

2 szklanki szpinaku baby

Sól morska i mielony czarny pieprz do smaku

Adresy

W ciężkim rondlu podgrzej oliwki na średnim ogniu. Teraz smaż cebulę, ziemniaki i seler przez około 5 minut lub do momentu, aż cebula będzie przezroczysta i miękka.

Dodaj czosnek i kontynuuj smażenie przez 1 minutę lub do momentu, aż zacznie pachnieć.

Następnie dodać paprykę, wodę i bulion wegański w proszku i doprowadzić do wrzenia. Natychmiast zmniejsz ogień do małego i gotuj przez 15 minut.

Dodaj białą fasolę i szpinak; Kontynuuj gotowanie na wolnym ogniu przez około 5 minut, aż się rozgrzeje. Dopraw solą i czarnym pieprzem do smaku.

Podawać w osobnych miseczkach i podawać na gorąco. Smacznego!

Zimowa sałatka z komosy ryżowej i piklami

(Gotowe w około 20 minut + czas chłodzenia | Porcja dla 4 osób)

Na porcję: Kalorie: 346; Tłuszcz: 16,7 g; Węglowodany: 42,6 g; Białko: 9,3 g

Składniki

1 szklanka komosy ryżowej

4 ząbki czosnku, posiekane

2 pikle, posiekane

10 uncji czerwonej papryki z puszki, posiekanej

1/2 szklanki zielonych oliwek, wypestkowanych i pokrojonych w plasterki

2 szklanki zielonej kapusty, posiekanej

2 szklanki sałaty lodowej, pokrojonej na kawałki

4 marynowane papryki, posiekane

4 łyżki oliwy z oliwek

1 łyżka soku z cytryny

1 łyżeczka skórki z cytryny

1/2 łyżeczki suszonego majeranku

Sól morska i mielony czarny pieprz do smaku

1/4 szklanki świeżego szczypiorku, grubo posiekanego

Adresy

Do rondla wlej dwie szklanki wody oraz komosę ryżową i zagotuj. Natychmiast zmniejsz ogień, aby zagotować.

Gotować na wolnym ogniu przez około 13 minut, aż komosa ryżowa wchłonie całą wodę; Komosę ryżową rozgnieść widelcem i pozostawić do całkowitego ostygnięcia. Następnie przełóż quinoę do miski.

Do salaterki dodaj czosnek, pikle, paprykę, oliwki, kapustę, sałatę i marynowane chilli, wymieszaj.

W małej misce przygotuj winegret, mieszając pozostałe składniki. Przygotować sałatkę, dobrze wymieszać i od razu podawać. Smacznego!

Smażona zupa z leśnych grzybów

(Gotowe w około 55 minut | Porcja dla 3 osób)

Na porcję: Kalorie: 313; Tłuszcz: 23,5 g; Węglowodany: 14,5 g; Białka: 14,5 g

Składniki

3 łyżki oleju sezamowego

1 funt mieszanych grzybów leśnych, pokrojonych w plasterki

1 posiekana biała cebula

3 ząbki czosnku, posiekane i podzielone

2 gałązki posiekanego tymianku

2 gałązki rozmarynu, posiekane

1/4 szklanki siemienia lnianego

1/4 szklanki wytrawnego białego wina

3 szklanki bulionu warzywnego

1/2 łyżeczki płatków czerwonej papryki

Sól czosnkowa i świeżo zmielony czarny pieprz do przyprawienia

Adresy

Zacznij od rozgrzania piekarnika do 395 stopni F.

Pieczarki ułożyć w jednej warstwie na blasze wyłożonej pergaminem. Grzyby skrop 1 łyżką oleju sezamowego.

Piec grzyby w nagrzanym piekarniku przez około 25 minut lub do momentu, aż będą miękkie.

W rondlu na średnim ogniu rozgrzej pozostałe 2 łyżki oleju sezamowego. Następnie smaż cebulę przez około 3 minuty lub do momentu, aż będzie miękka i przezroczysta.

Następnie dodaj czosnek, tymianek i rozmaryn i smaż dalej przez około 1 minutę, aż zaczną wydzielać zapach. Posypać mąką lnianą.

Dodaj pozostałe składniki i kontynuuj gotowanie na wolnym ogniu przez kolejne 10-15 minut lub do momentu, aż będą gotowe.

Dodać smażone grzyby i dalej dusić przez kolejne 12 minut. Podawać w miseczkach do zupy i podawać na gorąco. Cieszyć się!

Śródziemnomorska Zupa Z Zielonej Fasoli

(Gotowe w około 25 minut | Porcja dla 5 osób)

Na porcję: Kalorie: 313; Tłuszcz: 23,5 g; Węglowodany: 14,5 g; Białka: 14,5 g

Składniki

2 łyżki oliwy z oliwek

1 posiekana cebula

1 seler z liśćmi, posiekany

1 posiekana marchewka

2 posiekane ząbki czosnku

1 posiekana cukinia

5 szklanek bulionu warzywnego

1 ¼ funta zielonej fasolki, przyciętej i pokrojonej na małe kawałki

2 średnie pomidory, posiekane

Sól morska i świeżo zmielony czarny pieprz do smaku

1/2 łyżeczki pieprzu cayenne

1 łyżeczka oregano

1/2 łyżeczki suszonego koperku

1/2 szklanki oliwek Kalamata, wypestkowanych i pokrojonych w plasterki

Adresy

W ciężkim rondlu podgrzej oliwki na średnim ogniu. Teraz smaż cebulę, seler i marchewkę przez około 4 minuty lub do momentu, aż warzywa będą miękkie.

Dodaj czosnek i cukinię i kontynuuj smażenie przez 1 minutę lub do momentu, aż zaczną wydzielać zapach.

Następnie dodać bulion warzywny, fasolkę szparagową, pomidory, sól, pieprz czarny, cayenne, oregano i suszony koperek; wrze. Natychmiast zmniejsz ogień do małego i gotuj przez około 15 minut.

Podawać w osobnych miseczkach i podawać z pokrojonymi w plasterki oliwkami. Smacznego!

Krem marchewkowy

(Gotowe w około 30 minut | Porcja dla 4 osób)

Na porcję: Kalorie: 333; tłuszcz: 23 g; Węglowodany: 26g; Białka: 8,5 g

Składniki

2 łyżki oleju sezamowego

1 posiekana cebula

1 ½ funta marchewki, pokrojonej i rozdrobnionej

1 posiekany pasternak

2 posiekane ząbki czosnku

1/2 łyżeczki curry w proszku

Sól morska i pieprz cayenne do smaku

4 szklanki bulionu warzywnego

1 szklanka pełnego mleka kokosowego

Rozgrzej olej sezamowy w rondlu o grubym dnie na średnim ogniu. Teraz smaż cebulę, marchewkę i pasternak przez około 5 minut, od czasu do czasu mieszając.

Dodaj czosnek i kontynuuj smażenie przez 1 minutę lub do momentu, aż zacznie pachnieć.

Następnie dodaj curry, sól, pieprz cayenne i bulion warzywny; szybko zagotuj. Natychmiast zmniejsz ogień do wrzenia i gotuj przez 18 do 20 minut.

Zmiksuj zupę za pomocą blendera zanurzeniowego, aż będzie gładka i kremowa.

Przełóż mieszaninę puree z powrotem do rondla. Dodaj mleko kokosowe i kontynuuj gotowanie na wolnym ogniu, aż będzie gorące lub około 5 minut dłużej.

Rozlać do czterech misek i podawać na gorąco. Smacznego!

Włoska sałatka do pizzy Nonna

(Gotowe w około 15 minut + czas chłodzenia | Porcja dla 4 osób)

Na porcję: Kalorie: 595; Tłuszcz: 17,2 g; Węglowodany: 93g; Białka: 16 g

Składniki

1 funt makaronu

1 szklanka marynowanych grzybów, pokrojonych w plasterki

1 szklanka pomidorów winogronowych, przekrojonych na pół

4 łyżki posiekanego szczypiorku

1 łyżeczka mielonego czosnku

1 włoska papryka, pokrojona w plasterki

1/4 szklanki oliwy z oliwek z pierwszego tłoczenia

1/4 szklanki octu balsamicznego

1 łyżeczka suszonego oregano

1 łyżeczka suszonej bazylii

1/2 łyżeczki suszonego rozmarynu

Sól morska i pieprz cayenne do smaku

1/2 szklanki czarnych oliwek, pokrojonych w plasterki

Adresy

Gotować makaron według wskazówek na opakowaniu. Odcedź i opłucz makaron. Pozostawić do całkowitego ostygnięcia, następnie przełożyć sałatkę do miski.

Następnie dodać pozostałe składniki i wymieszać, aż makaron dobrze się nim pokryje.

Posmakuj i dostosuj przyprawy; sałatkę do pizzy przechowywać w lodówce do momentu użycia. Smacznego!

Kremowa zupa jarzynowa o złocistym kolorze

(Gotowe w około 45 minut | Porcja dla 4 osób)

Na porcję: Kalorie: 550; Tłuszcz: 27,2 g; Węglowodany: 70,4 g; Białka: 13,2 g

Składniki

2 łyżki oleju z awokado

1 posiekana żółta cebula

2 ziemniaki Yukon Gold, obrane i pokrojone w kostkę

2 funty dyni, obranej, pozbawionej nasion i pokrojonej w kostkę

1 pasternak, przycięty i pokrojony w plasterki

1 łyżeczka pasty imbirowo-czosnkowej

1 łyżeczka sproszkowanej kurkumy

1 łyżeczka nasion kopru włoskiego

1/2 łyżeczki chili w proszku

1/2 łyżeczki przyprawy do ciasta dyniowego

Sól koszerna i mielony czarny pieprz do smaku

3 szklanki bulionu warzywnego

1 szklanka pełnego mleka kokosowego

2 łyżki nasion

Adresy

Rozgrzej olej w rondlu o grubym dnie na średnim ogniu. Teraz smaż cebulę, ziemniaki, dynię piżmową i pasternak przez około 10 minut, od czasu do czasu mieszając, aby równomiernie się upiekły.

Dodaj pastę imbirową i czosnkową i kontynuuj smażenie przez 1 minutę lub do momentu, aż zacznie pachnieć.

Następnie dodaj kurkumę w proszku, nasiona kopru włoskiego, chili w proszku, przyprawę do ciasta dyniowego, sól, czarny pieprz i bulion warzywny; wrze. Natychmiast zmniejsz ogień do małego i gotuj na wolnym ogniu przez około 25 minut.

Zmiksuj zupę za pomocą blendera zanurzeniowego, aż będzie gładka i kremowa.

Przełóż mieszaninę puree z powrotem do rondla. Dodaj mleko kokosowe i kontynuuj gotowanie na wolnym ogniu, aż będzie gorące lub około 5 minut dłużej.

Podawać w osobnych miseczkach i udekorować pestkami dyni.
Smacznego!

Tradycyjny indyjski Rajma Dal

(Gotowe w około 20 minut | Porcja dla 4 osób)

Na porcję: Kalorie: 269; Tłuszcz: 15,2 g; Węglowodany: 22,9 g; Białka: 7,2 g

Składniki

3 łyżki oleju sezamowego

1 łyżeczka posiekanego imbiru

1 łyżeczka nasion kminku

1 łyżeczka nasion kolendry

1 duża posiekana cebula

1 łodyga selera, posiekana

1 łyżeczka mielonego czosnku

1 szklanka sosu pomidorowego

1 łyżeczka garam masali

1/2 łyżeczki curry w proszku

1 mała laska cynamonu

1 zielone chili, pozbawione nasion i posiekane

2 szklanki fasoli z puszki, odsączonej

2 szklanki bulionu warzywnego

Sól koszerna i mielony czarny pieprz do smaku

Adresy

Rozgrzej olej sezamowy w rondlu na średnim ogniu; teraz podsmaż nasiona imbiru, kminku i kolendry, aż zaczną wydzielać zapach lub około 30 sekund.

Dodaj cebulę i seler i smaż dalej przez kolejne 3 minuty, aż będą miękkie.

Dodaj czosnek i kontynuuj smażenie przez kolejną 1 minutę.

Do garnka dodać resztę składników i doprowadzić do wrzenia. Kontynuuj gotowanie przez 10 do 12 minut lub do momentu zakończenia. Podawaj na gorąco i ciesz się!

sałatka z czerwonej fasoli

(Gotowe w około 1 godzinę + czas chłodzenia | Porcja dla 6 osób)

Na porcję: Kalorie: 443; Tłuszcz: 19,2 g; Węglowodany: 52,2 g; Białka: 18,1 g

Składniki

3/4 funta fasoli namoczonej przez noc

2 papryki, posiekane

1 marchewka, pokrojona i starta

3 uncje mrożonych lub puszkowanych ziaren kukurydzy, odsączonych

3 czubate łyżki posiekanego szczypiorku

2 posiekane ząbki czosnku

1 czerwona papryka, pokrojona w plasterki

1/2 szklanki oliwy z oliwek z pierwszego tłoczenia

2 łyżki octu jabłkowego

2 łyżki świeżego soku z cytryny

Sól morska i mielony czarny pieprz do smaku

2 łyżki posiekanej świeżej kolendry

2 łyżki posiekanej świeżej natki pietruszki

2 łyżki posiekanej świeżej bazylii

Adresy

Namoczoną fasolę zalać kolejną porcją zimnej wody i zagotować. Gotuj przez około 10 minut. Zmniejsz ogień do małego i kontynuuj gotowanie przez 50 do 55 minut lub do miękkości.

Pozostaw fasolę do całkowitego ostygnięcia, a następnie włóż ją do miski.

Dodać resztę składników i wymieszać, żeby dobrze się połączyły. Smacznego!

Gulasz z fasoli Anasazi i warzyw

(Gotowe w około 1 godzinę | Porcja dla 3 osób)

Na porcję: Kalorie: 444; Tłuszcz: 15,8 g; Węglowodany: 58,2 g; Białka: 20,2 g

Składniki

1 szklanka fasoli Anasazi, namoczonej przez noc i odsączonej

3 szklanki bulionu z pieczonych warzyw

1 zatoka zatokowa

1 gałązka tymianku, posiekana

1 gałązka posiekanego rozmarynu

3 łyżki oliwy z oliwek

1 duża posiekana cebula

2 łodygi selera, posiekane

2 pokrojone marchewki

2 papryki pozbawione nasion i posiekane

1 zielone chili, pozbawione nasion i posiekane

2 posiekane ząbki czosnku

Sól morska i mielony czarny pieprz do smaku

1 łyżeczka pieprzu cayenne

1 łyżeczka papryki

Adresy

W rondlu zagotuj fasolę Anasazi z bulionem. Po zagotowaniu zmniejsz ogień, aby zagotować. Dodaj liść laurowy, tymianek i rozmaryn; gotować około 50 minut lub do miękkości.

W międzyczasie podgrzej oliwę z oliwek w ciężkim rondlu na średnim ogniu. Teraz smaż cebulę, seler, marchewkę i paprykę przez około 4 minuty, aż będą miękkie.

Dodaj czosnek i kontynuuj smażenie przez kolejne 30 sekund lub do momentu, aż zacznie pachnieć.

Dodaj wymieszaną mieszaninę do przygotowanej fasoli. Doprawić solą, czarnym pieprzem, cayenne i papryką.

Kontynuuj gotowanie na małym ogniu, mieszając od czasu do czasu, przez kolejne 10 minut lub do momentu, aż będzie gotowe. Smacznego!

Lekka i ciepła Shakshuka

(Gotowe w około 50 minut | Porcja dla 4 osób)

Na porcję: Kalorie: 324; Tłuszcz: 11,2 g; Węglowodany: 42,2 g; Białko: 15,8 g

Składniki

2 łyżki oliwy z oliwek

1 posiekana cebula

2 papryki, posiekane

1 papryczka poblano, posiekana

2 posiekane ząbki czosnku

2 pomidory, posiekane

Sól morska i czarny pieprz do smaku.

1 łyżeczka suszonej bazylii

1 łyżeczka płatków czerwonej papryki

1 łyżeczka papryki

2 liście laurowe

1 szklanka ciecierzycy namoczonej przez noc, opłukanej i
osuszonej

3 szklanki bulionu warzywnego

2 łyżki posiekanej świeżej kolendry

Adresy

Rozgrzej oliwę z oliwek w rondlu na średnim ogniu. Gdy cebula,
papryka i czosnek będą gorące, smaż przez około 4 minuty, aż
będą miękkie i pachnące.

Dodać przecier pomidorowy, sól morską, pieprz czarny, bazylię,
paprykę czerwoną, paprykę i liście laurowe.

Zagotuj, dodaj ciecierzycę i bulion warzywny. Piec przez 45 minut
lub do miękkości.

Posmakuj i dostosuj przyprawy. Rozłóż szakshukę do osobnych
misek i podawaj udekorowaną świeżą kolendrą. Smacznego!

staromodne papryczki chili

(Gotowe w około 1h30 | dla 4 osób)

Na porcję: Kalorie: 514; Tłuszcz: 16,4 g; Węglowodany: 72g;
Białka: 25,8 g

Składniki

3/4 funta fasoli namoczonej przez noc

2 łyżki oliwy z oliwek

1 posiekana cebula

2 papryki, posiekane

1 posiekana czerwona papryka

2 żeberka selera, posiekane

2 posiekane ząbki czosnku

2 liście laurowe

1 łyżeczka mielonego kminku

1 łyżeczka posiekanego tymianku

1 łyżeczka ziaren czarnego pieprzu

20 uncji posiekanych pomidorów

2 szklanki bulionu warzywnego

1 łyżeczka wędzonej papryki

sól morska do smaku

2 łyżki posiekanej świeżej kolendry

1 awokado, wypestkowane, obrane i pokrojone w plasterki

Adresy

Namoczoną fasolę zalać kolejną porcją zimnej wody i zagotować. Gotuj przez około 10 minut. Zmniejsz ogień do małego i kontynuuj gotowanie przez 50 do 55 minut lub do miękkości.

W rondlu o grubym dnie rozgrzej oliwę z oliwek na średnim ogniu. Gdy będzie gorąco, podsmaż cebulę, paprykę i seler.

Podsmaż czosnek, liście laurowe, mielony kminek, tymianek i czarny pieprz przez około 1 minutę.

Dodać pokrojone w kostkę pomidory, bulion warzywny, paprykę, sól i ugotowaną fasolę. Gotuj na wolnym ogniu, mieszając od czasu do czasu, przez 25 do 30 minut lub do miękkości.

Podawać ze świeżą kolendrą i awokado. Smacznego!

Prosta sałatka z czerwonej soczewicy

(Gotowe w około 20 minut + czas chłodzenia | 3 porcje)

Na porcję: Kalorie: 295; Tłuszcz: 18,8 g; Węglowodany: 25,2 g; Białka: 8,5 g

Składniki

1/2 szklanki czerwonej soczewicy, namoczonej przez noc i odsączonej

1 ½ szklanki wody

1 gałązka rozmarynu

1 liść laurowy

1 szklanka pomidorów winogronowych, przekrojonych na pół

1 ogórek, pokrojony w cienkie plasterki

1 papryka drobno posiekana

1 zmielony ząbek czosnku

1 cebula, drobno posiekana

2 łyżki świeżego soku z limonki

4 łyżki oliwy z oliwek

Sól morska i mielony czarny pieprz do smaku

Adresy

Do garnka dodaj czerwoną soczewicę, wodę, rozmaryn i liść laurowy i zagotuj na dużym ogniu. Następnie zmniejsz ogień do wrzenia i kontynuuj gotowanie przez 20 minut lub do miękkości.

Soczewicę włóż do miski i poczekaj, aż całkowicie ostygnie.

Dodać resztę składników i wymieszać, żeby dobrze się połączyły. Podawać w temperaturze pokojowej lub na zimno.

Smacznego!

Sałatka śródziemnomorska z ciecierzycy

(Gotowe w około 40 minut + czas chłodzenia | Porcja dla 4 osób)

Na porcję: Kalorie: 468; Tłuszcz: 12,5 g; Węglowodany: 73g; Białka: 21,8 g

Składniki

2 szklanki ciecierzycy namoczonej przez noc i osuszonej

1 ogórek perski, pokrojony w plasterki

1 szklanka pomidorków koktajlowych, przekrojonych na połówki

1 czerwona papryka, pozbawiona nasion i pokrojona w plasterki

1 zielona papryka, pozbawiona nasion i pokrojona w plasterki

1 łyżeczka musztardy delikatesowej

1 łyżeczka nasion kolendry

1 łyżeczka posiekanej papryczki jalapeno

1 łyżka świeżego soku z cytryny

1 łyżka octu balsamicznego

1/4 szklanki oliwy z oliwek z pierwszego tłoczenia

Sól morska i mielony czarny pieprz do smaku

2 łyżki posiekanej świeżej kolendry

2 łyżki oliwek Kalamata, wypestkowanych i pokrojonych w plasterki

Adresy

Umieść ciecierzycę w rondlu; zalać ciecierzycę 2 calami wody. Niech się zagotuje.

Natychmiast zmniejsz ogień do wrzenia i kontynuuj gotowanie przez około 40 minut lub do miękkości.

Ciecierzycę przełożyć do salaterki. Dodać resztę składników i wymieszać, żeby dobrze się połączyły. Smacznego!

Tradycyjny toskański gulasz fasolowy (Ribollita)

(Gotowe w około 25 minut | Porcja dla 5 osób)

Na porcję: Kalorie: 388; Tłuszcz: 10,3 g; Węglowodany: 57,3 g; Białka: 19,5 g

Składniki

3 łyżki oliwy z oliwek

1 średni por posiekany

1 seler z liśćmi, posiekany

1 cukinia, pokrojona w kostkę

1 włoska papryka, pokrojona w plasterki

3 ząbki czosnku, posiekane

2 liście laurowe

Sól koszerna i mielony czarny pieprz do smaku

1 łyżeczka pieprzu cayenne

1 puszka (28 uncji) pomidorów, posiekanych

2 szklanki bulionu warzywnego

2 puszki (15 uncji) fasoli północnej, odsączone

2 szklanki kapusty Lacinato, pokrojonej na kawałki

1 szklanka crostini

Adresy

W rondlu o grubym dnie rozgrzej oliwę z oliwek na średnim ogniu. Gdy będzie gorący, smaż por, seler, cukinię i paprykę przez około 4 minuty.

Smaż czosnek i liście laurowe przez około 1 minutę.

Dodać przyprawy, pomidory, bulion i fasolę konserwową. Gotuj na wolnym ogniu, mieszając od czasu do czasu, przez około 15 minut lub do miękkości.

Dodaj kapustę Lacinato i kontynuuj gotowanie, od czasu do czasu mieszając, przez 4 minuty.

Podawać udekorowane crostini. Smacznego!

Mieszanka warzyw i soczewicy bieługi

(Gotowe w około 25 minut | Porcja dla 5 osób)

Na porcję: Kalorie: 382; Tłuszcz: 9,3 g; węglowodany: 59 g; Białka: 17,2 g

Składniki

3 łyżki oliwy z oliwek

1 posiekana cebula

2 papryki pozbawione nasion i posiekane

1 marchewka, pokrojona i rozdrobniona

1 pasternak, pokrojony i posiekany

1 łyżeczka posiekanego imbiru

2 posiekane ząbki czosnku

Sól morska i mielony czarny pieprz do smaku

1 duża cukinia, pokrojona w kostkę

1 szklanka sosu pomidorowego

1 szklanka bulionu warzywnego

1 ½ szklanki soczewicy bieługi, namoczonej przez noc i odsączonej

2 szklanki boćwiny

Adresy

Rozgrzej oliwę z oliwek w holenderskim piekarniku, aż zacznie skwierczeć. Teraz podsmaż cebulę, paprykę, marchewkę i pasternak, aż będą miękkie.

Dodaj imbir i czosnek i kontynuuj smażenie przez kolejne 30 sekund.

Teraz dodaj sól, czarny pieprz, cukinię, sos pomidorowy, bulion warzywny i soczewicę; gotować przez około 20 minut, aż będzie gotowe.

Dodaj boćwinę; przykryć i dusić jeszcze przez 5 minut. Smacznego!

Meksykańskie miski Taco z ciecierzycy

(Gotowe w około 15 minut | Porcja dla 4 osób)

Na porcję: Kalorie: 409; Tłuszcz: 13,5 g; Węglowodany: 61,3 g; Białka: 13,8 g

Składniki

2 łyżki oleju sezamowego

1 posiekana czerwona cebula

1 papryczka habanero, posiekana

2 zmiażdżone ząbki czosnku

2 papryki pozbawione nasion i pokrojone w kostkę

Sól morska i mielony czarny pieprz

1/2 łyżeczki meksykańskiego oregano

1 łyżeczka mielonego kminku

2 dojrzałe pomidory, puree

1 łyżeczka brązowego cukru

16 uncji ciecierzycy z puszki, odsączonej

4 tortille z mąki (8 cali)

2 łyżki posiekanej świeżej kolendry

Adresy

Rozgrzej olej sezamowy na dużej patelni na średnim ogniu. Następnie smaż cebulę przez 2-3 minuty lub do miękkości.

Dodaj paprykę i czosnek i kontynuuj smażenie przez 1 minutę lub do momentu, aż zaczną wydzielać zapach.

Dodaj przyprawy, pomidory i brązowy cukier i zagotuj. Natychmiast zmniejsz ogień do wrzenia, dodaj ciecierzycę z puszki i gotuj przez kolejne 8 minut lub do momentu, aż się zagotuje.

Podsmaż tortille i połóż na nich przygotowaną mieszankę z ciecierzycy.

Udekoruj świeżą kolendrą i natychmiast podawaj. Smacznego!

Dal Makhani z Indii

(Gotowe w około 20 minut | Porcja dla 6 osób)

Na porcję: Kalorie: 329; Tłuszcz: 8,5 g; Węglowodany: 44,1 g; Białka: 16,8 g

Składniki

3 łyżki oleju sezamowego

1 duża posiekana cebula

1 papryka pozbawiona nasion i posiekana

2 posiekane ząbki czosnku

1 łyżka startego imbiru

2 zielone chilli, pozbawione nasion i posiekane

1 łyżeczka nasion kminku

1 zatoka zatokowa

1 łyżeczka sproszkowanej kurkumy

1/4 łyżeczki czerwonej papryki

1/4 łyżeczki zmielonego ziela angielskiego

1/2 łyżeczki garam masali

1 szklanka sosu pomidorowego

4 szklanki bulionu warzywnego

1 ½ szklanki czarnej soczewicy namoczonej przez noc i odcedzonej

4-5 listków curry, do dekoracji godz

Adresy

Rozgrzej olej sezamowy w rondlu na średnim ogniu; Teraz smaż cebulę i paprykę przez kolejne 3 minuty, aż będą miękkie.

Dodaj czosnek, imbir, zielone chilli, nasiona kminku i liść laurowy; Kontynuuj gotowanie na wolnym ogniu, często mieszając, przez 1 minutę lub do momentu, aż zacznie pachnieć.

Dodać pozostałe składniki oprócz liści curry. Teraz zagotuj ogień. Kontynuuj gotowanie przez kolejne 15 minut lub do momentu zakończenia.

Udekoruj liśćmi curry i podawaj na gorąco!

Meksykańska miska fasoli

(Gotowe w około 1 godzinę + czas chłodzenia | Porcja dla 6 osób)

Na porcję: Kalorie: 465; Tłuszcz: 17,9 g; Węglowodany: 60,4 g; Białka: 20,2 g

Składniki

1 funt fasoli, namoczonej przez noc i odsączonej

1 szklanka ziaren kukurydzy z puszki, odsączonych

2 pieczone papryki, pokrojone w plasterki

1 chili, drobno posiekane

1 szklanka pomidorków koktajlowych, przekrojonych na połówki

1 posiekana czerwona cebula

1/4 szklanki świeżej kolendry, posiekanej

1/4 szklanki posiekanej świeżej pietruszki

1 łyżeczka meksykańskiego oregano

1/4 szklanki czerwonego octu winnego

2 łyżki świeżego soku z cytryny

1/3 szklanki oliwy z oliwek z pierwszego tłoczenia

Zmielona czarna i morska sól do smaku

1 awokado, obrane, wypestkowane i pokrojone w plasterki

Adresy

Namoczoną fasolę zalać kolejną porcją zimnej wody i zagotować. Gotuj przez około 10 minut. Zmniejsz ogień do małego i kontynuuj gotowanie przez 50 do 55 minut lub do miękkości.

Pozostaw fasolę do całkowitego ostygnięcia, a następnie włóż ją do miski.

Dodać resztę składników i wymieszać, żeby dobrze się połączyły. Podawać w temperaturze pokojowej.

Smacznego!

Klasyczny włoski Minestrone

(Gotowe w około 30 minut | Porcja dla 5 osób)

Na porcję: Kalorie: 305; Tłuszcz: 8,6 g; Węglowodany: 45,1 g; Białka: 14,2 g

Składniki

2 łyżki oliwy z oliwek

1 duża cebula, pokrojona w kostkę

2 marchewki, pokrojone w plasterki

4 ząbki czosnku, posiekane

1 szklanka ciasta łokciowego

5 szklanek bulionu warzywnego

1 puszka (15 uncji) białej fasoli, odsączona

1 duża cukinia, pokrojona w kostkę

1 puszka (28 uncji) pomidorów, posiekanych

1 łyżka posiekanych świeżych liści oregano

1 łyżka posiekanych świeżych liści bazylii

1 łyżka posiekanej świeżej włoskiej pietruszki

Adresy

Rozgrzej oliwę z oliwek w holenderskim piekarniku, aż zacznie skwierczeć. Teraz podsmaż cebulę i marchewkę, aż będą miękkie.

Dodaj czosnek, surowy makaron i bulion; dusić około 15 minut.

Dodać fasolę, cukinię, pomidory i zioła. Kontynuuj gotowanie pod zamkniętą pokrywką przez około 10 minut, aż będzie gotowe.

W razie potrzeby udekoruj dodatkowymi ziołami. Smacznego!

Gulasz z zielonej soczewicy z zieloną kapustą

(Gotowe w około 30 minut | Porcja dla 5 osób)

Na porcję: Kalorie: 415; Tłuszcz: 6,6 g; Węglowodany: 71g; Białka: 18,4 g

Składniki

2 łyżki oliwy z oliwek

1 posiekana cebula

2 słodkie ziemniaki, obrane i pokrojone w kostkę

1 posiekana papryka

2 pokrojone marchewki

1 posiekany pasternak

1 posiekany seler

2 ząbki czosnku

1 ½ szklanki zielonej soczewicy

1 łyżka mieszanki ziół włoskich

1 szklanka sosu pomidorowego

5 szklanek bulionu warzywnego

1 szklanka mrożonej kukurydzy

1 szklanka zielonej kapusty, pokrojonej na kawałki

Adresy

Rozgrzej oliwę z oliwek w holenderskim piekarniku, aż zacznie skwierczeć. Teraz podsmaż cebulę, słodkie ziemniaki, paprykę, marchew, pasternak i seler, aż będą miękkie.

Dodaj czosnek i kontynuuj smażenie przez kolejne 30 sekund.

Teraz dodaj zieloną soczewicę, mieszankę ziół włoskich, sos pomidorowy i bulion warzywny; gotować przez około 20 minut, aż będzie gotowe.

Dodaj mrożoną kukurydzę i warzywa; przykryć i dusić jeszcze przez 5 minut. Smacznego!

Mieszanka warzyw z ciecierzycą

(Gotowe w około 30 minut | Porcja dla 4 osób)

Na porcję: Kalorie: 369; Tłuszcz: 18,1 g; Węglowodany: 43,5 g; Białka: 13,2 g

Składniki

2 łyżki oliwy z oliwek

1 drobno posiekana cebula

1 posiekana papryka

1 bulwa kopru włoskiego, posiekana

3 ząbki czosnku, posiekane

2 dojrzałe pomidory, puree

2 łyżki posiekanej świeżej natki pietruszki

2 łyżki posiekanej świeżej bazylii

2 łyżki posiekanej świeżej kolendry

2 szklanki bulionu warzywnego

14 uncji ciecierzycy z puszki, odsączonej

Sól koszerna i mielony czarny pieprz do smaku

1/2 łyżeczki pieprzu cayenne

1 łyżeczka papryki

1 awokado, obrane i pokrojone w plasterki

Adresy

W rondlu o grubym dnie rozgrzej oliwę z oliwek na średnim ogniu. Gdy będzie gorący, smaż cebulę, paprykę i koper włoski przez około 4 minuty.

Smaż czosnek przez około 1 minutę lub do momentu, aż zacznie pachnieć.

Dodać pomidory, świeże zioła, bulion, ciecierzycę, sól, czarny pieprz, cayenne i paprykę. Gotuj na wolnym ogniu, mieszając od czasu do czasu, przez około 20 minut lub do miękkości.

Posmakuj i dostosuj przyprawy. Podawać udekorowane plasterkami świeżego awokado. Smacznego!

Pikantny sos fasolowy

(Gotowe w około 30 minut | Na 10 porcji)

Na porcję: Kalorie: 175; Tłuszcz: 4,7 g; Węglowodany: 24,9 g; Białka: 8,8 g

Składniki

2 puszki (15 uncji) fasoli północnej, odsączone

2 łyżki oliwy z oliwek

2 łyżki sosu Sriracha

2 łyżki drożdży odżywczych

4 uncje wegańskiego serka śmietankowego

1/2 łyżeczki papryki

1/2 łyżeczki pieprzu cayenne

1/2 łyżeczki mielonego kminku

Sól morska i mielony czarny pieprz do smaku

4 uncje chipsów tortilla

Zacznij od rozgrzania piekarnika do 360 stopni F.

Zmiksuj wszystkie składniki z wyjątkiem chipsów tortilla w robocie kuchennym, aż do uzyskania pożądanej konsystencji.

Piec sos w nagrzanym piekarniku przez około 25 minut lub do momentu, aż będzie gorący.

Podawaj z chipsami tortilla i ciesz się smakiem!

Chińska sałatka sojowa

(Gotowe w około 10 minut | Porcja dla 4 osób)

Na porcję: Kalorie: 265; Tłuszcz: 13,7 g; Węglowodany: 21g; Białka: 18g

Składniki

1 puszka (15 uncji) soi, odsączonej

1 szklanka rukoli

1 szklanka szpinaku baby

1 szklanka zielonej kapusty, posiekanej

1 cebula, drobno posiekana

1/2 łyżeczki mielonego czosnku

1 łyżeczka posiekanego imbiru

1/2 łyżeczki musztardy delikatesowej

2 łyżki sosu sojowego

1 łyżka octu ryżowego

1 łyżka soku z limonki

2 łyżki tahini

1 łyżeczka syropu z agawy

Adresy

Do miski włóż soję, rukolę, szpinak, kapustę i cebulę; wymieszać do połączenia.

W małej misce wymieszaj pozostałe składniki na sos.

Przygotuj sałatkę i podawaj od razu. Smacznego!

Gulasz z warzyw i soczewicy w starym stylu

(Gotowe w około 25 minut | Porcja dla 5 osób)

Na porcję: Kalorie: 475; Tłuszcz: 17,3 g; Węglowodany: 61,4 g; Białko: 23,7 g

Składniki

3 łyżki oliwy z oliwek

1 duża posiekana cebula

1 posiekana marchewka

1 papryka, pokrojona w kostkę

1 papryczka habanero, posiekana

3 ząbki czosnku, posiekane

Koszerna sól i czarny pieprz do smaku

1 łyżeczka mielonego kminku

1 łyżeczka wędzonej papryki

1 puszka (28 uncji) pomidorów, posiekanych

2 łyżki sosu pomidorowego

4 szklanki bulionu warzywnego

3/4 funta suszonej czerwonej soczewicy, namoczonej przez noc i odsączonej

1 pokrojone awokado

Adresy

W rondlu o grubym dnie rozgrzej oliwę z oliwek na średnim ogniu. Gdy będzie gorący, smaż cebulę, marchewkę i paprykę przez około 4 minuty.

Smaż czosnek przez około 1 minutę.

Dodać przyprawy, pomidory, sos pomidorowy, bulion i soczewicę z puszki. Gotuj na wolnym ogniu, mieszając od czasu do czasu, przez około 20 minut lub do miękkości.

Podawać udekorowane plasterkami awokado. Smacznego!

Indyjska chana masala

(Gotowe w około 15 minut | Porcja dla 4 osób)

Na porcję: Kalorie: 305; Tłuszcz: 17,1 g; Węglowodany: 30,1 g; Białka: 9,4 g

Składniki

1 szklanka posiekanych pomidorów

1 pieprz kaszmirski, mielony

1 duża szalotka, posiekana

1 łyżeczka świeżego imbiru, obranego i startego

4 łyżki oliwy z oliwek

2 posiekane ząbki czosnku

1 łyżeczka nasion kolendry

1 łyżeczka garam masali

1/2 łyżeczki kurkumy w proszku

Sól morska i mielony czarny pieprz do smaku

1/2 szklanki bulionu warzywnego

16 uncji ciecierzycy konserwowej

1 łyżka świeżego soku z cytryny

Adresy

Zmiksuj pomidory, chili kaszmirskie, szalotkę i imbir na pastę w blenderze lub robocie kuchennym.

Rozgrzej oliwę z oliwek w rondlu na średnim ogniu. Gdy będzie już gorący, gotuj ugotowany makaron i czosnek przez około 2 minuty.

Dodać pozostałe przyprawy, bulion i ciecierzycę. Postaw ogień na małym ogniu. Kontynuuj gotowanie na wolnym ogniu przez kolejne 8 minut lub do momentu, aż będzie gotowe.

Zdjąć z ognia. Posyp wierzch każdej porcji świeżym sokiem z cytryny. Smacznego!

pasta z czerwonej fasoli

(Gotowe w około 10 minut | Porcja dla 8)

Na porcję: Kalorie: 135; Tłuszcz: 12,1 g; Węglowodany: 4,4 g; Białka: 1,6 g

Składniki

2 łyżki oliwy z oliwek

1 posiekana cebula

1 posiekana papryka

2 posiekane ząbki czosnku

2 szklanki fasoli, ugotowanej i odsączonej

1/4 szklanki oliwy z oliwek

1 łyżeczka musztardy mielonej w kamieniu

2 łyżki posiekanej świeżej natki pietruszki

2 łyżki posiekanej świeżej bazylii

Sól morska i mielony czarny pieprz do smaku

Rozgrzej oliwę z oliwek w rondlu na średnim ogniu. Teraz ugotuj cebulę, paprykę i czosnek do miękkości lub około 3 minut.

Dodaj mieszaninę miksującą do blendera; dodać pozostałe składniki. Zmiksuj składniki w blenderze lub robocie kuchennym, aż uzyskasz gładką i kremową masę.

Smacznego!

Miska brązowej soczewicy

(Gotowe w około 20 minut + czas chłodzenia | Porcja dla 4 osób)

Na porcję: Kalorie: 452; Tłuszcz: 16,6 g; Węglowodany: 61,7 g; Białka: 16,4 g

Składniki

1 szklanka brązowej soczewicy namoczonej przez noc i odsączonej

3 szklanki wody

2 szklanki ugotowanego brązowego ryżu

1 cukinia, pokrojona w kostkę

1 posiekana czerwona cebula

1 łyżeczka mielonego czosnku

1 plasterek ogórka

1 pokrojona papryka

4 łyżki oliwy z oliwek

1 łyżka octu ryżowego

2 łyżki soku z cytryny

2 łyżki sosu sojowego

1/2 łyżeczki suszonego oregano

1/2 łyżeczki mielonego kminku

Sól morska i mielony czarny pieprz do smaku

2 szklanki rukoli

2 szklanki sałaty rzymskiej, pokrojonej na kawałki

Adresy

Dodaj brązową soczewicę i wodę do garnka i zagotuj na dużym ogniu. Następnie zmniejsz ogień do wrzenia i kontynuuj gotowanie przez 20 minut lub do miękkości.

Soczewicę włóż do miski i poczekaj, aż całkowicie ostygnie.

Dodać resztę składników i wymieszać, żeby dobrze się połączyły. Podawać w temperaturze pokojowej lub na zimno. Smacznego!

Ostra i pikantna zupa fasolowa Anasazi

(Gotowe w około 1h10 | dla 5 osób)

Na porcję: Kalorie: 352; Tłuszcz: 8,5 g; Węglowodany: 50,1 g; Białko: 19,7 g

Składniki

2 szklanki fasoli Anasazi, namoczonej przez noc, odsączonej i opłukanej

8 szklanek wody

2 liście laurowe

3 łyżki oliwy z oliwek

2 średnie cebule, posiekane

2 papryki, posiekane

1 papryczka habanero, posiekana

3 ząbki czosnku, wyciśnięte lub posiekane

Sól morska i mielony czarny pieprz do smaku

W garnku zagotuj fasolę Anasazi z wodą. Po zagotowaniu zmniejsz ogień, aby zagotować. Dodaj liście laurowe i gotuj przez około 1 godzinę lub do miękkości.

W międzyczasie podgrzej oliwę z oliwek w ciężkim rondlu na średnim ogniu. Teraz podsmaż cebulę, paprykę i czosnek przez około 4 minuty, aż będą miękkie.

Dodaj wymieszaną mieszaninę do przygotowanej fasoli. Doprawić solą i czarnym pieprzem.

Kontynuuj gotowanie na małym ogniu, mieszając od czasu do czasu, przez kolejne 10 minut lub do momentu, aż będzie gotowe. Smacznego!

Sałatka z Grochu Czarnookiego (Ñebbe)

(Gotowe w około 1 godzinę | Dla 5 osób)

Na porcję: Kalorie: 471; Tłuszcz: 17,5 g; Węglowodany: 61,5 g; Białko: 20,6 g

Składniki

2 szklanki suszonego groszku czarnookiego, namoczonego przez noc i odcedzonego

2 łyżki posiekanych liści bazylii

2 łyżki posiekanych liści pietruszki

1 szalotka, posiekana

1 plasterek ogórka

2 papryki pozbawione nasion i pokrojone w kostkę

1 papryka Scotch Bonnet, pozbawiona nasion i drobno posiekana

1 szklanka pomidorków koktajlowych, pokrojona w ćwiartki

Sól morska i mielony czarny pieprz do smaku

2 łyżki świeżego soku z limonki

1 łyżka octu jabłkowego

1/4 szklanki oliwy z oliwek z pierwszego tłoczenia

1 awokado, obrane, wypestkowane i pokrojone w plasterki

Adresy

Zalać groszek czarnooki 2 calami wody i doprowadzić do delikatnego wrzenia. Gotuj przez około 15 minut.

Następnie postaw ogień na małym ogniu na około 45 minut. Pozostawić do całkowitego ostygnięcia.

Włóż groszek czarnooki do miski. Dodać bazylię, pietruszkę, szalotkę, ogórek, paprykę, pomidorki koktajlowe, sól i czarny pieprz.

W misce wymieszaj sok z cytryny, ocet i oliwę z oliwek.

Przygotuj sałatkę, udekoruj świeżym awokado i natychmiast podawaj. Smacznego!

Słynna papryczka chili mojej mamy

(Gotowe w około 1:30 | dla 5 osób)

Na porcję: Kalorie: 455; Tłuszcz: 10,5 g; Węglowodany: 68,6 g; Białko: 24,7 g

Składniki

1 funt czerwonej fasoli, namoczonej przez noc i odsączonej

3 łyżki oliwy z oliwek

1 duża czerwona cebula, pokrojona w kostkę

2 papryki, pokrojone w kostkę

1 papryczka poblano, posiekana

1 duża marchewka, obrana i pokrojona w kostkę

2 posiekane ząbki czosnku

2 liście laurowe

1 łyżeczka mieszanych ziaren pieprzu

Sól koszerna i pieprz cayenne do smaku

1 łyżka papryki

2 dojrzałe pomidory, puree

2 łyżki sosu pomidorowego

3 szklanki bulionu warzywnego

Adresy

Namoczoną fasolę zalać kolejną porcją zimnej wody i zagotować. Gotuj przez około 10 minut. Zmniejsz ogień do małego i kontynuuj gotowanie przez 50 do 55 minut lub do miękkości.

W rondlu o grubym dnie rozgrzej oliwę z oliwek na średnim ogniu. Gdy będzie gorąco, podsmaż cebulę, paprykę i marchewkę.

Smaż czosnek przez około 30 sekund lub do momentu, aż zacznie pachnieć.

Dodać resztę składników wraz z ugotowaną fasolą. Gotuj na wolnym ogniu, mieszając od czasu do czasu, przez 25 do 30 minut lub do miękkości.

Wyrzucić liście laurowe, przełożyć do osobnych misek i podawać na ciepło.

Kremowa sałatka z ciecierzycy i orzeszków piniowych

(Gotowe w około 10 minut | Porcja dla 4 osób)

Na porcję: Kalorie: 386; Tłuszcz: 22,5 g; Węglowodany: 37,2 g; Białko: 12,9 g

Składniki

16 uncji ciecierzycy z puszki, odsączonej

1 łyżeczka mielonego czosnku

1 szalotka, posiekana

1 szklanka pomidorków koktajlowych, przekrojonych na połówki

1 papryka, pozbawiona nasion i pokrojona w plasterki

1/4 szklanki posiekanej świeżej bazylii

1/4 szklanki posiekanej świeżej pietruszki

1/2 szklanki majonezu wegańskiego

1 łyżka soku z cytryny

1 łyżeczka kaparów, odsączonych

Sól morska i mielony czarny pieprz do smaku

2 uncje orzeszków piniowych

Adresy

Do salaterki włóż ciecierzycę, warzywa i zioła.

Dodać majonez, sok z cytryny, kapary, sól i czarny pieprz. Mieszaj do połączenia.

Udekoruj orzeszkami pinii i natychmiast podawaj. Smacznego!

Miska Buddy z Czarnej Fasoli

(Gotowe w około 1 godzinę | Porcja dla 4 osób)

Na porcję: Kalorie: 365; Tłuszcz: 14,1 g; Węglowodany: 45,6 g; Białka: 15,5 g

Składniki

1/2 funta czarnej fasoli, namoczonej przez noc i odsączonej

2 szklanki ugotowanego brązowego ryżu

1 średnia cebula, drobno posiekana

1 szklanka papryki pozbawionej nasion i posiekanej

1 papryczka jalapeno, pozbawiona nasion i pokrojona w plasterki

2 posiekane ząbki czosnku

1 szklanka rukoli

1 szklanka szpinaku baby

1 łyżeczka skórki z limonki

1 łyżka musztardy Dijon

1/4 szklanki czerwonego octu winnego

1/4 szklanki oliwy z oliwek z pierwszego tłoczenia

2 łyżki syropu z agawy

Płatki soli morskiej i mielony czarny pieprz do smaku

1/4 szklanki posiekanej świeżej włoskiej pietruszki

Adresy

Namoczoną fasolę zalać kolejną porcją zimnej wody i zagotować.
Gotuj przez około 10 minut. Zmniejsz ogień do małego i
kontynuuj gotowanie przez 50 do 55 minut lub do miękkości.

Aby podać, podziel fasolę i ryż do misek; udekorować warzywami.

W małej misce wymieszaj skórkę z limonki, musztardę, ocet, oliwę
z oliwek, syrop z agawy, sól i pieprz. Sosem polej sałatkę.

Udekoruj świeżą włoską natką pietruszki. Smacznego!

Gulasz z ciecierzycy z Bliskiego Wschodu

(Gotowe w około 20 minut | Porcja dla 4 osób)

Na porcję: Kalorie: 305; Tłuszcz: 11,2 g; Węglowodany: 38,6 g; Białka: 12,7 g

Składniki

1 posiekana cebula

1 posiekana papryka

2 posiekane ząbki czosnku

1 łyżeczka nasion gorczycy

1 łyżeczka nasion kolendry

1 liść laurowy

1/2 szklanki przecieru pomidorowego

2 łyżki oliwy z oliwek

1 seler z liśćmi, posiekany

2 średnie marchewki, pokrojone w plasterki i posiekane

2 szklanki bulionu warzywnego

1 łyżeczka mielonego kminku

1 mała laska cynamonu

16 uncji ciecierzycy z puszki, odsączonej

2 szklanki boćwiny, pokrojonej na kawałki

Adresy

Zmiksuj cebulę, chilli, czosnek, nasiona gorczycy, nasiona kolendry, liść laurowy i przecier pomidorowy w blenderze lub robocie kuchennym na gładką masę.

W rondlu rozgrzej oliwę z oliwek, aż zacznie skwierczeć. Teraz gotuj seler i marchewkę przez około 3 minuty lub do miękkości. Dodaj makaron i kontynuuj gotowanie przez kolejne 2 minuty.

Następnie dodać bulion warzywny, kminek, cynamon i ciecierzycę; postaw na małym ogniu.

Zmniejsz ogień do wrzenia i gotuj przez 6 minut; Dodaj boćwinę i kontynuuj gotowanie przez kolejne 4-5 minut lub do momentu, aż liście więdną. Podawaj na gorąco i ciesz się!

Sos z soczewicy i pomidorów

(Gotowe w około 10 minut | Porcja dla 8)

Na porcję: Kalorie: 144; Tłuszcz: 4,5 g; Węglowodany: 20,2 g; Białka: 8,1 g

Składniki

16 uncji soczewicy, ugotowanej i odsączonej

4 łyżki posiekanych suszonych pomidorów

1 szklanka koncentratu pomidorowego

4 łyżki tahini

1 łyżeczka musztardy mielonej w kamieniu

1 łyżeczka mielonego kminku

1/4 łyżeczki zmielonych liści laurowych

1 łyżeczka płatków czerwonej papryki

Sól morska i mielony czarny pieprz do smaku

Zmiksuj wszystkie składniki w blenderze lub robocie kuchennym, aż do uzyskania pożądanej konsystencji.

Przechowywać w lodówce do momentu podania.

Podawać z grillowanymi plasterkami pity lub paluszkami warzywnymi. Cieszyć się!

Kremowa sałatka z zielonego groszku

(Gotowe w około 10 minut + czas chłodzenia | Porcja dla 6 osób)

Na porcję: Kalorie: 154; Tłuszcz: 6,7 g; Węglowodany: 17,3 g; Białko: 6,9 g

Składniki

2 puszki (14,5 uncji) zielonego groszku, odsączonego

1/2 szklanki majonezu wegańskiego

1 łyżeczka musztardy Dijon

2 łyżki posiekanego szczypiorku

2 posiekane pikle

1/2 szklanki marynowanych grzybów, posiekanych i odsączonych

1/2 łyżeczki mielonego czosnku

Sól morska i mielony czarny pieprz do smaku

Adresy

Wszystkie składniki włóż do salaterki. Mieszaj delikatnie do połączenia.

Sałatkę przechowuj w lodówce, aż będzie gotowa do podania.

Smacznego!

Hummus Za'atar z Bliskiego Wschodu

(Gotowe w około 10 minut | Porcja dla 8)

Na porcję: Kalorie: 140; Tłuszcz: 8,5 g; Węglowodany: 12,4 g; Białka: 4,6 g

Składniki

10 uncji ciecierzycy, ugotowanej i odsączonej

1/4 szklanki tahini

2 łyżki oliwy z oliwek z pierwszego tłoczenia

2 łyżki suszonych pomidorów, posiekanych

1 świeżo wyciśnięta cytryna

2 posiekane ząbki czosnku

Sól koszerna i mielony czarny pieprz do smaku

1/2 łyżeczki wędzonej papryki

1 łyżeczka Zataru

Wszystkie składniki zmiksuj w robocie kuchennym, aż masa będzie gładka i kremowa.

Przechowywać w lodówce do momentu podania.

Smacznego!

Sałatka z soczewicy i orzeszków piniowych

(Gotowe w około 20 minut + czas chłodzenia | 3 porcje)

Na porcję: Kalorie: 332; Tłuszcz: 19,7 g; Węglowodany: 28,2 g; Białka: 12,2 g

Składniki

1/2 szklanki brązowej soczewicy

1 ½ szklanki bulionu warzywnego

1 marchewka, pokrojona w zapałki

1 mała posiekana cebula

1 plasterek ogórka

2 posiekane ząbki czosnku

3 łyżki oliwy z oliwek z pierwszego tłoczenia

1 łyżka octu z czerwonego wina

2 łyżki soku z cytryny

2 łyżki posiekanej bazylii

2 łyżki posiekanej natki pietruszki

2 łyżki posiekanego szczypiorku

Sól morska i mielony czarny pieprz do smaku

2 łyżki posiekanych orzeszków piniowych

Adresy

Do garnka dodać brązową soczewicę i bulion warzywny i doprowadzić do wrzenia na dużym ogniu. Następnie zmniejsz ogień do wrzenia i kontynuuj gotowanie przez 20 minut lub do miękkości.

Soczewicę włóż do miski.

Dodać warzywa i wymieszać, aby dobrze się połączyły. W misce wymieszaj oliwę, ocet, sok z cytryny, bazylię, pietruszkę, szczypiorek, sól i czarny pieprz.

Dopraw sałatkę, udekoruj orzeszkami piniowymi i podawaj w temperaturze pokojowej. Smacznego!

Gorąca sałatka z fasoli Anasazi

(Gotowe w około 1 godzinę | Dla 5 osób)

Na porcję: Kalorie: 482; Tłuszcz: 23,1 g; Węglowodany: 54,2 g; Białka: 17,2 g

Składniki

2 szklanki fasoli Anasazi, namoczonej przez noc, odsączonej i opłukanej

6 szklanek wody

1 papryczka poblano, posiekana

1 posiekana cebula

1 szklanka pomidorków koktajlowych, przekrojonych na połówki

2 szklanki mieszanej sałaty, posiekanej

Bandaż:

1 łyżeczka mielonego czosnku

1/2 szklanki oliwy z oliwek z pierwszego tłoczenia

1 łyżka soku z cytryny

2 łyżki czerwonego octu winnego

1 łyżka musztardy mielonej w kamieniu

1 łyżka sosu sojowego

1/2 łyżeczki suszonego oregano

1/2 łyżeczki suszonej bazylii

Sól morska i mielony czarny pieprz do smaku

Adresy

W garnku zagotuj fasolę Anasazi z wodą. Gdy się zagotuje, zmniejsz ogień do minimum i gotuj przez około 1 godzinę lub do miękkości.

Odcedź ugotowaną fasolę i włóż ją do salaterki; dodać pozostałe składniki sałatki.

Następnie w małej misce wymieszaj wszystkie składniki dressingu, aż dobrze się połączą. Ubierz sałatkę i wymieszaj. Podawaj w temperaturze pokojowej i ciesz się smakiem!

Tradycyjny gulasz Mnazaleh

(Gotowe w około 25 minut | Porcja dla 4 osób)

Na porcję: Kalorie: 439; tłuszcz: 24 g; Węglowodany: 44,9 g; Białka: 13,5 g

Składniki

4 łyżki oliwy z oliwek

1 posiekana cebula

1 duży bakłażan, obrany i pokrojony w kostkę

1 szklanka posiekanej marchewki

2 posiekane ząbki czosnku

2 duże pomidory, posiekane

1 łyżeczka przyprawy baharat

2 szklanki bulionu warzywnego

14 uncji ciecierzycy z puszki, odsączonej

Sól koszerna i mielony czarny pieprz do smaku

1 średnie awokado, wypestkowane, obrane i pokrojone w plasterki

Adresy

W rondlu o grubym dnie rozgrzej oliwę z oliwek na średnim ogniu. Gdy będzie gorący, smaż cebulę, bakłażana i marchewkę przez około 4 minuty.

Smaż czosnek przez około 1 minutę lub do momentu, aż zacznie pachnieć.

Dodaj pomidory, przyprawy Baharat, bulion i ciecierzycę z puszki. Gotuj na wolnym ogniu, mieszając od czasu do czasu, przez około 20 minut lub do miękkości.

Doprawić solą i pieprzem. Podawać udekorowane plasterkami świeżego awokado. Smacznego!

Krem z czerwonej soczewicy i pieprzu

(Gotowe w około 25 minut | Porcja dla 9)

Na porcję: Kalorie: 193; Tłuszcz: 8,5 g; Węglowodany: 22,3 g; Białka: 8,5 g

Składniki

1 ½ szklanki czerwonej soczewicy, namoczonej przez noc i odsączonej

4 ½ szklanki wody

1 gałązka rozmarynu

2 liście laurowe

2 pieczone papryki, pozbawione nasion i pokrojone w kostkę

1 szalotka, posiekana

2 posiekane ząbki czosnku

1/4 szklanki oliwy z oliwek

2 łyżki tahini

Sól morska i mielony czarny pieprz do smaku

Adresy

Do garnka włóż czerwoną soczewicę, wodę, rozmaryn i liście laurowe i zagotuj na dużym ogniu. Następnie zmniejsz ogień do wrzenia i kontynuuj gotowanie przez 20 minut lub do miękkości.

Włóż soczewicę do robota kuchennego.

Dodaj resztę składników i mieszaj, aż dobrze się połączą.

Smacznego!

Smażony w woku pikantny groszek śnieżny

(Gotowe w około 10 minut | Porcja dla 4 osób)

Na porcję: Kalorie: 196; Tłuszcz: 8,7 g; Węglowodany: 23g; Białka: 7,3 g

Składniki

2 łyżki oleju sezamowego

1 posiekana cebula

1 marchewka, pokrojona i rozdrobniona

1 łyżeczka pasty imbirowo-czosnkowej

1 funt groszku śnieżnego

Pieprz syczuański do smaku

1 łyżeczka sosu Sriracha

2 łyżki sosu sojowego

1 łyżka octu ryżowego

W woku rozgrzej olej sezamowy, aż zacznie skwierczeć. Teraz smaż cebulę i marchewkę przez 2 minuty lub do miękkości.

Dodaj pastę imbirowo-czosnkową i kontynuuj smażenie przez kolejne 30 sekund.

Dodaj groszek i smaż na dużym ogniu, aż się lekko zwęgli, około 3 minut.

Następnie dodaj pieprz, Srirachę, sos sojowy i ocet ryżowy i smaż jeszcze przez 1 minutę. Podawaj natychmiast i ciesz się smakiem!

Szybkie chilli na co dzień

(Gotowe w około 35 minut | Porcja dla 5 osób)

Na porcję: Kalorie: 345; Tłuszcz: 8,7 g; Węglowodany: 54,5 g; Białka: 15,2 g

Składniki

2 łyżki oliwy z oliwek

1 duża posiekana cebula

1 seler z liśćmi, przycięty i pokrojony w kostkę

1 marchewka, pokrojona w plasterki i kostkę

1 słodki ziemniak, obrany i pokrojony w kostkę

3 ząbki czosnku, posiekane

1 papryczka jalapeno, posiekana

1 łyżeczka pieprzu cayenne

1 łyżeczka nasion kolendry

1 łyżeczka nasion kopru włoskiego

1 łyżeczka papryki

2 szklanki duszonych pomidorów, posiekanych

2 łyżki sosu pomidorowego

2 łyżeczki wegańskich pelletów bulionowych

1 szklanka wody

1 szklanka kremu cebulowego

2 funty fasoli pinto z puszki, odsączonej

1 plasterek limonki

Adresy

W rondlu o grubym dnie rozgrzej oliwę z oliwek na średnim ogniu. Gdy będzie już gorący, smaż cebulę, seler, marchewkę i słodkie ziemniaki przez około 4 minuty.

Smaż czosnek i papryczki jalapeno przez około 1 minutę.

Dodać przyprawy, pomidory, sos pomidorowy, wegańskie pellety bulionowe, wodę, krem cebulowy i fasolę konserwową. Gotuj na wolnym ogniu, mieszając od czasu do czasu, przez około 30 minut lub do miękkości.

Podawać udekorowane cząstkami limonki. Smacznego!

Kremowa sałatka z groszku czarnego

(Gotowe w około 1 godzinę | Dla 5 osób)

Na porcję: Kalorie: 325; Tłuszcz: 8,6 g; Węglowodany: 48,2 g; Białka: 17,2 g

Składniki

1 ½ szklanki groszku czarnookiego, namoczonego przez noc i odcedzonego

4 szczypiorek, posiekany

1 marchewka, pokrojona w julienne

1 szklanka zielonej kapusty, posiekanej

2 papryki pozbawione nasion i posiekane

2 średnie pomidory, pokrojone w kostkę

1 łyżka suszonego pomidora, posiekanego

1 łyżeczka mielonego czosnku

1/2 szklanki majonezu wegańskiego

1 łyżka soku z limonki

1/4 szklanki białego octu winnego

Sól morska i mielony czarny pieprz do smaku

Adresy

Zalać groszek czarnooki 2 calami wody i doprowadzić do delikatnego wrzenia. Gotuj przez około 15 minut.

Następnie postaw ogień na małym ogniu na około 45 minut. Pozostawić do całkowitego ostygnięcia.

Włóż groszek czarnooki do miski. Dodać resztę składników i wymieszać, żeby dobrze się połączyły. Smacznego!

Awokado faszerowane ciecierzycą

(Gotowe w około 10 minut | Porcja dla 4 osób)

Na porcję: Kalorie: 205; Tłuszcz: 15,2 g; Węglowodany: 16,8 g; Białka: 4,1 g

Składniki

2 awokado, wypestkowane i przekrojone na pół

1/2 świeżo wyciśniętej cytryny

4 łyżki posiekanego szczypiorku

1 zmielony ząbek czosnku

1 średni pokrojony pomidor

1 papryka pozbawiona nasion i posiekana

1 czerwona papryka, pozbawiona nasion i posiekana

2 uncje ciecierzycy, ugotowanej lub ugotowanej, odsączonej

Sól koszerna i mielony czarny pieprz do smaku

Ułóż swoje awokado na talerzu do serwowania. Każde awokado skrop sokiem z cytryny.

W misce delikatnie wymieszaj pozostałe składniki nadzienia, aż dobrze się połączą.

Przygotowaną mieszanką napełnij awokado i natychmiast podawaj. Smacznego!

Zupa z czarnej fasoli

(Gotowe w około 1h50 | dla 4 osób)

Na porcję: Kalorie: 505; Tłuszcz: 11,6 g; Węglowodany: 80,3 g;
Białka: 23,2 g

Składniki

2 szklanki czarnej fasoli namoczonej przez noc i odsączonej

1 gałązka tymianku

2 łyżki oleju kokosowego

2 posiekane cebule

1 łodyga selera, posiekana

1 marchewka, obrana i posiekana

1 włoska papryka, pozbawiona nasion i posiekana

1 chili, pozbawione nasion i posiekane

4 ząbki czosnku, wyciśnięte lub posiekane

Sól morska i świeżo zmielony czarny pieprz do smaku

1/2 łyżeczki mielonego kminku

1/4 łyżeczki zmielonych liści laurowych

1/4 łyżeczki zmielonego ziela angielskiego

1/2 łyżeczki suszonej bazylii

4 szklanki bulionu warzywnego

1/4 szklanki świeżej kolendry, posiekanej

2 uncje chipsów tortilla

W garnku zagotuj fasolę z 6 szklankami wody. Po zagotowaniu zmniejsz ogień, aby zagotować. Dodaj gałązkę tymianku i gotuj przez około 1 godzinę 30 minut lub do miękkości.

W międzyczasie rozgrzej olej w rondlu o grubym dnie na średnim ogniu. Teraz smaż cebulę, seler, marchewkę i paprykę przez około 4 minuty, aż będą miękkie.

Następnie smaż czosnek przez około 1 minutę lub do momentu, aż zacznie pachnieć.

Dodaj wymieszaną mieszaninę do przygotowanej fasoli. Następnie dodać sól, czarny pieprz, kminek, zmielony liść laurowy, zmielone ziele angielskie, suszoną bazylię i bulion warzywny.

Kontynuuj gotowanie na małym ogniu, mieszając od czasu do czasu, przez kolejne 15 minut lub do momentu ugotowania.

Udekoruj świeżą kolendrą i chipsami tortilla. Smacznego!

Sałatka z soczewicy Beluga z zieleniną

(Gotowe w około 20 minut + czas chłodzenia | Porcja dla 4 osób)

Na porcję: Kalorie: 364; tłuszcz: 17 g; Węglowodany: 40,2 g; Białka: 13,3 g

Składniki

1 szklanka czerwonej soczewicy

3 szklanki wody

1 szklanka pomidorów winogronowych, przekrojonych na pół

1 zielona papryka, pozbawiona nasion i pokrojona w kostkę

1 czerwona papryka, pozbawiona nasion i pokrojona w kostkę

1 czerwona papryka, pozbawiona nasion i pokrojona w kostkę

1 plasterek ogórka

4 łyżki posiekanej szalotki

2 łyżki posiekanej świeżej natki pietruszki

2 łyżki posiekanej świeżej kolendry

2 łyżki świeżego szczypiorku, posiekanego

2 łyżki posiekanej świeżej bazylii

1/4 szklanki oliwy z oliwek

1/2 łyżeczki nasion kminku

1/2 łyżeczki posiekanego imbiru

1/2 łyżeczki mielonego czosnku

1 łyżeczka syropu z agawy

2 łyżki świeżego soku z cytryny

1 łyżeczka skórki z cytryny

Sól morska i mielony czarny pieprz do smaku

2 uncje czarnych oliwek, wypestkowanych i przekrojonych na pół

Dodaj brązową soczewicę i wodę do garnka i zagotuj na dużym ogniu. Następnie zmniejsz ogień do wrzenia i kontynuuj gotowanie przez 20 minut lub do miękkości.

Soczewicę włóż do miski.

Dodaj warzywa i zioła i wymieszaj, aby dobrze się połączyły. W misce wymieszaj olej, nasiona kminku, imbir, czosnek, syrop z agawy, sok z cytryny, skórkę z cytryny, sól i czarny pieprz.

Przygotuj sałatkę, udekoruj oliwkami i podawaj w temperaturze pokojowej. Smacznego!

Włoska sałatka z fasoli

(Gotowe w około 1 godzinę + czas chłodzenia | Porcja dla 4 osób)

Na porcję: Kalorie: 495; Tłuszcz: 21,1 g; Węglowodany: 58,4 g; Białka: 22,1 g

Składniki

3/4 funta fasoli cannellini, namoczonej przez noc i odsączonej

2 szklanki różyczek kalafiora

1 czerwona cebula, drobno posiekana

1 łyżeczka mielonego czosnku

1/2 łyżeczki posiekanego imbiru

1 papryczka jalapeno, posiekana

1 szklanka pomidorów winogronowych, pokrojonych w ćwiartki

1/3 szklanki oliwy z oliwek z pierwszego tłoczenia

1 łyżka soku z limonki

1 łyżeczka musztardy Dijon

1/4 szklanki białego octu

2 ząbki czosnku, wyciśnięte

1 łyżeczka mieszanki ziół włoskich

Sól koszerna i mielony czarny pieprz do przyprawienia

2 uncje zielonych oliwek, wypestkowanych i pokrojonych w plasterki

Adresy

Namoczoną fasolę zalać kolejną porcją zimnej wody i zagotować. Gotuj przez około 10 minut. Zmniejsz ogień do małego i kontynuuj gotowanie przez 60 minut lub do miękkości.

W międzyczasie gotuj różyczki kalafiora przez około 6 minut lub do miękkości.

Poczekaj, aż fasola i kalafior całkowicie ostygną; następnie przełóż je do salaterki.

Dodać resztę składników i wymieszać, żeby dobrze się połączyły. Posmakuj i dostosuj przyprawy.

Smacznego!

Pomidory faszerowane białą fasolą

(Gotowe w około 10 minut | 3 porcje)

Na porcję: Kalorie: 245; Tłuszcz: 14,9 g; Węglowodany: 24,4 g; Białka: 5,1 g

Składniki

3 średnie pomidory, odkrój cienki plasterek z góry i usuń miąższ

1 starta marchewka

1 posiekana czerwona cebula

1 obrany ząbek czosnku

1/2 łyżeczki suszonej bazylii

1/2 łyżeczki suszonego oregano

1 łyżeczka suszonego rozmarynu

3 łyżki oliwy z oliwek

3 uncje białej fasoli z puszki, odsączonej

3 uncje ziaren słodkiej kukurydzy, rozmrożone

1/2 szklanki chipsów tortilla, posiekanych

Adresy

Pomidory ułożyć na talerzu do serwowania.

Połącz pozostałe składniki nadzienia w misce, aż dobrze się połączą.

Napełnij awokado i natychmiast podawaj. Smacznego!

Zimowa zupa grochowa czarnooka

(Gotowe w około 1 godzinę 5 minut | dla 5 osób)

Na porcję: Kalorie: 147; tłuszcz: 6 g; Węglowodany: 13,5 g; Białka: 7,5 g

Składniki

2 łyżki oliwy z oliwek

1 posiekana cebula

1 posiekana marchewka

1 posiekany pasternak

1 szklanka kopru włoskiego, posiekanego

2 posiekane ząbki czosnku

2 szklanki suszonego groszku czarnookiego, namoczonego przez noc

5 szklanek bulionu warzywnego

Sól koszerna i świeżo zmielony czarny pieprz do przyprawienia

Adresy

Rozgrzej oliwę z oliwek w rondlu na średnim ogniu. Gdy będzie gorąca, smaż cebulę, marchewkę, pasternak i koper włoski przez 3 minuty lub do miękkości.

Dodaj czosnek i kontynuuj smażenie przez 30 sekund lub do momentu, aż zacznie pachnieć.

Dodać groszek, bulion warzywny, sól i czarny pieprz. Kontynuuj gotowanie pod częściowym przykryciem przez kolejną godzinę lub do momentu ugotowania.

Smacznego!

Empanady z czerwonej fasoli

(Gotowe w około 15 minut | Porcja dla 4 osób)

Na porcję: Kalorie: 318; Tłuszcz: 15,1 g; Węglowodany: 36,5 g; Białko: 10,9 g

Składniki

12 uncji fasoli z puszki lub gotowanej, odsączonej

1/3 szklanki staromodnych płatków owsianych

1/4 szklanki mąki uniwersalnej

1 łyżeczka proszku do pieczenia

1 mała szalotka, posiekana

2 posiekane ząbki czosnku

Sól morska i mielony czarny pieprz do smaku

1 łyżeczka papryki

1/2 łyżeczki chili w proszku

1/2 łyżeczki zmielonych liści laurowych

1/2 łyżeczki mielonego kminku

1 jajko chia

4 łyżki oliwy z oliwek

Adresy

Fasolę włóż do miski i rozgnieć widelcem.

Dokładnie wymieszaj fasolę, płatki owsiane, mąkę, proszek do pieczenia, szalotkę, czosnek, sól, czarny pieprz, paprykę, chili w proszku, zmielony liść laurowy, kminek i czosnek. oto jajko. .

Z powstałej mieszanki uformuj cztery kotlety.

Następnie rozgrzej oliwę z oliwek na patelni na średnim ogniu. Smaż burgery przez około 8 minut, obracając je raz lub dwa razy.

Podawać z ulubionymi sosami. Smacznego!

Domowe burgery grochowe

(Gotowe w około 15 minut | Porcja dla 4 osób)

Na porcję: Kalorie: 467; Tłuszcz: 19,1 g; Węglowodany: 58,5 g; Białko: 15,8 g

Składniki

1 funt groszku, zamrożony i rozmrożony

1/2 szklanki mąki z ciecierzycy

1/2 szklanki mąki zwykłej

1/2 szklanki bułki tartej

1 łyżeczka proszku do pieczenia

2 jajka lniane

1 łyżeczka papryki

1/2 łyżeczki suszonej bazylii

1/2 łyżeczki suszonego oregano

Sól morska i mielony czarny pieprz do smaku

4 łyżki oliwy z oliwek

4 bułki do hamburgerów

Adresy

W misce wymieszaj groszek, mąkę, bułkę tartą, proszek do pieczenia, jajka lniane, paprykę, bazylię, oregano, sól i czarny pieprz.

Z powstałej mieszanki uformuj cztery kotlety.

Następnie rozgrzej oliwę z oliwek na patelni na średnim ogniu. Smaż burgery przez około 8 minut, obracając je raz lub dwa razy.

Podawaj na bułkach do burgerów i ciesz się smakiem!

Gulasz z czarnej fasoli i szpinaku

(Gotowe w około 1h35 | dla 4 osób)

Na porcję: Kalorie: 459; Tłuszcz: 9,1 g; Węglowodany: 72g; Białka: 25,4 g

Składniki

2 szklanki czarnej fasoli namoczonej przez noc i odsączonej

2 łyżki oliwy z oliwek

1 cebula, obrana i przekrojona na pół

1 papryczka jalapeno, pokrojona w plasterki

2 słodkie papryki, pozbawione nasion i pokrojone w plasterki

1 szklanka grzybów, pokrojona w plasterki

2 posiekane ząbki czosnku

2 szklanki bulionu warzywnego

1 łyżeczka papryki

Sól koszerna i mielony czarny pieprz do smaku

1 liść laurowy

2 szklanki posiekanego szpinaku

Adresy

Namoczoną fasolę zalać kolejną porcją zimnej wody i zagotować. Gotuj przez około 10 minut. Zmniejsz ogień do małego i kontynuuj gotowanie przez 50 do 55 minut lub do miękkości.

W rondlu o grubym dnie rozgrzej oliwę z oliwek na średnim ogniu. Gdy będzie gorący, smaż cebulę i paprykę przez około 3 minuty.

Smaż czosnek i grzyby przez około 3 minuty lub do momentu, aż grzyby puszczą płyn, a czosnek zacznie pachnieć.

Dodać bulion warzywny, paprykę, sól, czarny pieprz, liść laurowy i ugotowaną fasolę. Gotuj na wolnym ogniu, mieszając od czasu do czasu, przez około 25 minut lub do miękkości.

Następnie dodać szpinak i dusić około 5 minut. Smacznego!

Najlepsza granola czekoladowa ever

(Gotowe w około 1 godzinę | 10 porcji)

Na porcję: Kalorie: 428; Tłuszcz: 23,4 g; Węglowodany: 46,4 g; Białka: 11,3 g

Składniki

1/2 szklanki oleju kokosowego

1/2 szklanki syropu z agawy

1 łyżeczka pasty waniliowej

3 szklanki płatków owsianych

1/2 szklanki posiekanych orzechów laskowych

1/2 szklanki pestek dyni

1/2 łyżeczki mielonego kardamonu

1 łyżeczka mielonego cynamonu

1/4 łyżeczki zmielonych goździków

1 łyżeczka soli himalajskiej

1/2 szklanki gorzkiej czekolady, posiekanej

Wskazówki

Rozpocznij od rozgrzania piekarnika do 260 stopni F; Dwie otoczone blachy do pieczenia wyłóż papierem pergaminowym.

Następnie dobrze wymieszaj w misce olej kokosowy, syrop z agawy i wanilię.

Stopniowo dodawaj płatki owsiane, orzechy laskowe, pestki dyni i przyprawy; wrzucić, aby dobrze się pokrył. Rozłóż mieszaninę na przygotowanych blachach do pieczenia.

Piec na środku piekarnika, mieszając w połowie czasu, przez około 1 godzinę lub do złotego koloru.

Dodaj gorzką czekoladę i poczekaj, aż granola całkowicie ostygnie przed przechowywaniem. przechowywać w szczelnym pojemniku.

Smacznego!

Jesienne ciasta dyniowe

(Gotowe w około 30 minut | Porcja dla 4 osób)

Na porcję: Kalorie: 198; Tłuszcz: 9,4 g; Węglowodany: 24,5 g; Białka: 5,2 g

Składniki

1/2 szklanki płatków owsianych

1/2 szklanki białej mąki pełnoziarnistej

1 łyżeczka proszku do pieczenia

1/4 łyżeczki soli himalajskiej

1 łyżeczka cukru

1/2 łyżeczki zmielonego ziela angielskiego

1/2 łyżeczki mielonego cynamonu

1/2 łyżeczki kandyzowanego imbiru

1 łyżeczka soku z cytryny, świeżo wyciśniętego

1/2 szklanki mleka migdałowego

1/2 szklanki puree z dyni

2 łyżki oleju kokosowego

Wskazówki

W misce dokładnie wymieszaj mąkę, proszek do pieczenia, sól, cukier i przyprawy. Stopniowo dodawaj sok z cytryny, mleko i puree z dyni.

Rozgrzej patelnię elektryczną na średnim ogniu i posmaruj ją lekko olejem kokosowym.

Piecz ciasto przez około 3 minuty, aż utworzą się bąbelki; przewróć go na drugą stronę i smaż przez kolejne 3 minuty, aż spód będzie złoty.

Powtórzyć z pozostałym olejem i ciastem. W razie potrzeby podawaj posypane cukrem cynamonowym. Smacznego!